Was sind Ressourcen? (1)
ChatGPT meint zu „Was sind Ressourcen?"
(März 2023):

- **Ernährung:** Eine gesunde und ausgewogene Ernährung kann dazu beitragen, den Körper mit den Nährstoffen zu versorgen, die er benötigt, um gesund und stark zu bleiben.

- **Schlaf:** Ein ausreichender Schlaf kann dazu beitragen, Energiereserven aufzufüllen, den Körper zu erholen und das körperliche und geistige Wohlbefinden zu verbessern.

- **Bewegung und körperliche Aktivität:** Regelmäßiger Sport kann Stress abbauen, das Immunsystem stärken und zu einem besseren körperlichen Wohlbefinden beitragen.

- **Soziale Unterstützung:** Ein Netzwerk von Freunden, Familie und anderen Menschen, auf die man sich verlassen kann, kann helfen, Stress zu reduzieren und das Wohlbefinden zu erhöhen.

- **Sinnvolle Tätigkeiten:** Eine sinnvolle Tätigkeit, wie beispielsweise Freiwilligenarbeit oder das Engagement in einer Gemeinschaft, kann helfen, ein Gefühl von Zweck und Bedeutung im Leben zu erlangen.

- **Spirituelle Verbindung:** Eine spirituelle Verbindung, ob durch Religion, Meditation oder andere Praktiken, kann helfen, ein tieferes Verständnis des Lebens und eine größere innere Ruhe zu erlangen.

- **Kreativität:** Kreative Aktivitäten wie Zeichnen, Singen oder Tanzen können helfen, Stress abzubauen und die Stimmung zu verbessern.

- **Selbstbewusstsein:** Das Verständnis der eigenen Stärken, Schwächen, Wünsche und Bedürfnisse kann helfen, das Leben besser zu verstehen und zu steuern.

- **Resilienz:** Die Fähigkeit, mit Herausforderungen umzugehen und wieder aufzustehen, kann helfen, ein gesünderes und erfüllteres Leben zu führen.

- **Emotionale Intelligenz:** Die Fähigkeit, die eigenen Emotionen und die Emotionen anderer zu verstehen und zu regulieren, kann helfen, bessere Beziehungen aufzubauen und Konflikte zu lösen.

- **Optimismus:** Eine positive Einstellung kann helfen, Herausforderungen besser zu bewältigen und das Leben positiver zu sehen.

- **Gratitude:** Die Fähigkeit, Dankbarkeit zu empfinden, kann helfen, das Leben positiver zu sehen und mehr Freude zu erleben.

- Es ist wichtig zu beachten, dass jeder Mensch unterschiedliche Bedürfnisse und Vorlieben hat und dass es wichtig ist, die Ressourcen zu finden, die am besten zu einem selbst passen.

Inhalt

- Was sind Ressourcen? (1)

Editorial   **4**
Schwerpunktthema: Ressourcen - Quellen des Lebens

Bernd und Margarete Leibig
Ressourcenorientierte Psychotherapie   **5**

- Was sind Ressourcen? (2) „Ego-States"   **10**
- Was sind Ressourcen? (3) „Grawe Leitregeln"   **13**

Maja Storch
Das Zürcher Ressourcen-Modell ZRM   **15**

Eric Pfeifer
Musiktherapie   **19**

- Was sind Ressourcen? (4) „Musiktherapie"   **24**

Astrid Müller
Die Kraft des Schöpferischen im Malen   **25**

- Was sind Ressourcen? (5) „Das Innere Kind"   **30**

Ignez Carvalho Hartmann
Die Sprache der Hände im Sandspiel   **31**

Margarete Leibig
Freundschaft   **39**

Ingrid Riedel
Die innere Freiheit des Alters   **43**

Gabriele Bensberg, Irene Berkenbusch-Erbe
Erinnerungen helfen Leben   **51**

- Was sind Ressourcen? (6) „Psychedelika"   **56**

Fabio Coviello
Psychedelische Erfahrungen   57

Mechthild von Luxburg
Ehrenamtliches Engagement von Frauen und Männern   63

Bernd Gramich
Krankheit – eine Ressource?   67

- Was sind Ressourcen? (7) „Akzeptanz"   72

Luise Reddemann
Klagen und Troststücke – Arbeit mit extrem belasteten Menschen   73

Dieter Knoll
Es kommt darauf an, das Hoffen zu lernen   77

Ursula Bernauer
„Bleibt, ihr Engel, bleibt bei mir"   83

Johannes Dürr
Gedanken zum Sinn von Religion   89

- Was sind Ressourcen? (8) „Das göttliche Kind"   90

Irene Berkenbusch-Erbe
Erinnerung als Weg zur Erfahrung und Vergewisserung des Selbst in Marcel Prousts Roman *Auf der Suche nach der verlorenen Zeit*   94

Für Sie gesehen
Dieter Volk
Lunana – Das Glück liegt im Himalaya
Ein Film von Pawo Choyning Dorji (2019)   100

Berichte
Konstantin Rößler
Verena Kast zum 80. Geburtstag   105

Rezensionen   107
Impressum, Quellenangaben   112

inhalt

Liebe Leserinnen und Leser,

den Text auf der ersten Seite dieses Heftes bekamen wir auf unsere Anfrage, was körperliche und psychische Ressourcen seien, um ein gesundes und gutes Leben zu führen.

Gefragt hatten wir **ChatGPT** (GPT: Generative Pre-trained Transformer), eine KI oder AI (KI = Künstliche Intelligenz oder AI = Artificial Intelligence), mit der man umgangssprachlich dialogisieren kann und die Antworten gibt, auf die man wiederum weitere Fragen stellen kann.

Diese Software der Firma OPENAI, u.a. finanziell unterstützt von Microsoft und Elon Musk, sorgt seit November 2022 für Furore und wird weltweit ausprobiert (über 100 Millionen Nutzer). Sie wirft natürlich Fragen und Sorgen bezüglich der Zukunft vieler Beruf auf, die z. B. mit dem Denken und Schreiben verbunden sind. Man spricht schon von einem „Kulturschock".

Man kann immer noch entdecken, dass die Software nicht fehlerfrei ist, etwas schematisch antwortet und auch keine vollständigen Informationen liefert. Es ist aber jetzt schon offensichtlich geworden, dass nach der Erfindung des Internets nun mit der künstlichen Intelligenz eine weitere fantastische, aber auch gefürchtete Ressource der Kreativität eröffnet wurde.

Lange Zeit glaubte man, wesentliche Unterschiede zwischen KI und Mensch lägen in den Fähigkeiten des Menschen zu Bewusstheit, Emotionalität, Empathie, Kreativität und Intuition. Das bestätigt ja auch tröstlicherweise das ChatGPT (siehe weiter unten).

Aber da können wir nicht mehr so sicher sein. Sind wir Menschen wirklich so bewusst und empathisch, wie wir uns gerne darstellen? Und welche Menschen sind wirklich kreativ? Computer können durchaus Elemente neu miteinander kombinieren, sie malen Bilder mit neuen Motiven in der Art großer Künstler, sie können in einer Weise komponieren, die von echten Kompositionen alter Meister kaum mehr zu unterscheiden ist. Die KIs lernen selber immer weiter, kommunizieren mit anderen KIs untereinander und können sekundenschnell auf das aktuelle weltweite Wissen zurückgreifen.

Wir können davon ausgehen, dass wir in den nächsten Jahrzehnten eine kulturelle Revolution erleben werden, die weitaus tiefgreifender in unser Leben eingreifen wird, als die Revolutionen, die wir bereits durch das Internet und das Smartphone erlebt haben. So schätzt man beispielsweise, dass mehr als 50% der Berufe von KIs übernommen werden können.

Dagegen werden alle kritischen Warnungen vor Entmündigung und Manipulation wenig ausrichten, zu faszinierend sind die neuen Möglichkeiten. Das ChatGPT meint auf unsere Frage, welche Auswirkungen es auf der Selbstwertgefühl der Menschen haben wird, wenn die KI immer intelligenter wird: „Die fortschreitende Entwicklung der künstlichen Intelligenz kann tatsächlich Auswirkungen auf das Selbstwertgefühl der Menschen haben, insbesondere in Bezug auf Arbeitsplätze und Fähigkeiten, die von KI-Systemen übernommen werden können. Menschen, die ihre Arbeit verloren haben oder deren Fähigkeiten nicht mehr gefragt sind, können ein geringeres Selbstwertgefühl entwickeln.

Es ist jedoch wichtig zu beachten, dass KI-Systeme nicht in der Lage sind, menschliche Empathie, Kreativität und Intuition zu erreichen. Diese menschlichen Fähigkeiten bleiben unersetzbar und können auch in Zukunft gefragt sein. Um das Selbstwertgefühl beizubehalten oder zu verbessern, ist es wichtig, sich auf die eigenen Stärken und Fähigkeiten zu konzentrieren und neue Möglichkeiten und Karrieren zu erschließen, die für KI-Systeme schwieriger zu übernehmen sind. Es ist auch wichtig, die Vorteile der KI zu nutzen, um Zeit und Energie für andere, sinnvolle Tätigkeiten zu sparen und dadurch ein besseres Leben zu führen."

Damit Sie sich selbst einen Eindruck verschaffen können, haben wir die „grauen Kästen" in diesem Heft mit etlichen Chat-GPT Kommentaren gefüllt.

Mit besten Wünschen,

Ihre Anette und Lutz Müller

für das Redaktionsteam

Ressourcenorientierte Psychotherapie

Bernd Leibig, Margarete Leibig

ressourcen

Mit dem vorliegenden Beitrag verbinden wir das Anliegen, grundlegende theoretische Aspekte der Analytischen Psychologie auf dem Hintergrund der wissenschaftlichen Erkenntnisse der Neurobiologie und Hirnforschung zu sehen. Es soll gezeigt werden, dass die Analytische Psychologie C. G. Jungs wesentliche Erkenntnisse der ressourcenorientierten Therapie – sowohl in der theoretischen Begründung als auch in der therapeutischen Haltung in – sich trägt.

Lange Zeit haben sich viele Therapeuten überwiegend um den Konflikt und den Mangel gekümmert. Die persönliche Entwicklung und Reifung wurden vor allem über die Auflösung des inneren Konflikts gesehen. In der Analytische Psychologie gehen wir davon aus, dass der Mensch die meisten Ressourcen, die er zur Lösung seiner Probleme braucht, in sich selbst trägt, sowohl im eigenen Selbst als auch in der Verbundenheit des Selbst im kollektiven und archetypischen Raum. Wir möchten damit zeigen, dass die Analytische Psychologie einen modernen, aktuellen Denkansatz darstellt.

Ein Beispiel für ressourcenorientiertes Arbeiten ist die geführte Imagination. Sie können sich als LeserIn bequem hinzusetzen, ein paar Mal tief durchatmen und sich eine Landschaft vorstellen, in der Sie sich sicher und geborgen fühlen. In dieser Landschaft ist irgendwo eine Quelle. Sie kennen den Weg dorthin und lassen sich an Ihrer Quelle nieder. Sie können vielleicht Geräusche hören, etwas riechen, welche Temperatur hat das Wasser, gibt es Vögel in der Landschaft, Bäume, Pflanzen sehen, die Atmosphäre aufnehmen und tief einatmen und ausatmen. – Das ist eine Übung zur Selbstfürsorge und auch im Beratungs- und Therapiesetting einsetzbar.

Bilder geben Impulse für Veränderungen. Deshalb ist die Analytische Psychologie mit ihrer vielfältigen Arbeit an Symbolen und inneren Bildern so ressourcenaktivierend und damit entwicklungsfördernd.

Ressource kommt von lat. resurgere – wieder auf(er)stehen, auftauchen, hervorquellen. In der klassischen Psychotherapie und Psychoanalyse wurde die Beachtung der schöpferischen Quellen unserer Persönlichkeit zu sehr vernachlässigt. Das Konflikthafte und die Problemorientierung standen überwiegend im Vordergrund. Die Fragen: Was macht mich noch aus? Was weist über meine neurotische oder psychosomatische Erkrankung – und damit über mich – hinaus? Was könnte der innere Sinn von Konflikten sei? Diese Fragen wurden vernachlässigt.

Schon Peter Fürstenau kritisierte in seinem Buch *Psychoanalytisch verstehen. Systemisch denken. Suggestiv intervenieren* (2002, S. 52) eine zu starke Theorielastigkeit der Psychoanalyse, die sich zu weit von der Lebenswirklichkeit entfernt habe. „Die Einheitlichkeit [...] der reinen psychoanalytischen Methode wird durch wenige überragende Begriffe wie ‚Übertragung' und ‚Widerstand' nur notdürftig gewährleistet." Thomä und Kächele bezeichnen diese Überbetonung von Theorie als „theoretikomorphe Mythen" der Psychoanalyse. Das heißt, der Patient hat sich nach der Theorie zu richten, nicht die Theorie nach der Wirklichkeit des Patienten.

Was aber will moderne und ressourcenorientierte Psychotherapie? Sie bezieht sich auf wissenschaftlich und neurobiologisch fundierte Erkenntnisse und entwickelt Konzepte, die sich als angemessen und förderlich für die Gesundung des Menschen erwiesen haben. Sie konzentriert sich auf die Aktivierung von Ressourcen.

Die Neurobiologie des Gehirns lehrt uns, dass wirkliche Veränderungen der psychischen Haltungen und Einstellungen im problem- und konfliktorientierten Modus nur schwer zu erreichen sind.

Klaus Grawe schreibt: „Für das Verständnis der Problematik eines Patienten ist die Einnahme einer Problemperspektive natürlich, notwendig und angemessen. Wenn man jedoch glaubt, man könne mit derselben Perspektive die Veränderung von Problemen konzipieren, befindet man sich auf dem Holzweg. Für die Herbeiführung von Veränderungen kann die Problemperspektive wie ein Bleiklotz am Bein wirken." (Grawe, 1998, S. 96)

Ressourcenorientierte Psychotherapie unterstützt psychische Fähigkeiten wie Selbststeuerung, Selbstkontrolle, Selbstverständnis, Selbstregulation und Hinwendung zu Selbstfürsorge. Ressourcenorientierte Psychotherapie vermeidet zu starke therapeutische Abhängigkeit und zu intensive Regression zu schmerzhaften oder traumatisierenden Erfahrungen.

Maja Storch verwendet in ihrem Zürcher Ressourcen Modell (s. a. ihren Artikel in diesem Jung Journal) einen neurologisch fundierten Ressourcenbegriff. „Demnach gilt alles, was gesundheitsfördernde neuronale Netzwerke aktiviert und entsprechende Ziele fördern hilft" als Ressource (Storch, S. 33).

Neurobiologie und Hirnforschung zeigen, dass psychische Entwicklung eher durch die Stabilisierung und Entwicklung von Ressourcen geschieht als über Konfliktbearbeitung. Es geht also darum, den Konflikt zu sehen und der Ressource Bedeutung zu geben, Pathogenese und Salutogenese zu verbinden. Peter Fürstenau spricht vom beidäugigen Sehen.

Die Theorie von C. G. Jung bildet eine gute Basis für ressourcenorientiertes Arbeiten. Dies zeigt sich etwa in verschiedenen Formen des Zugangs zum Unbewussten wie subjekt-, objektstufige und archetypische Traumarbeit, Aktive Imagination, therapeutisches Sandspiel und Malen aus dem Unbewussten. Das Symbolverständnis in der Analytischen Psychologie erweitert den Zugang zu inneren Quellen des Menschen.

Auch die moderne Bindungstheorie (von Bowlby bis Brisch) bekommt auf dem Hintergrund unseres Archetypenverständnisses fundamentale Bedeutung. Die Archetypen der Bindung und der Trennung liegen fast allem psychodynamischem aber auch subatomarem Geschehen zu Grunde.

Aufbauen ist häufig wichtiger als Aufdecken

Dieser Arbeitsansatz kann sowohl in der analytischen Arbeit als auch im tiefenpsychologisch fundierten Ansatz eine grundsätzliche ethische Haltung des Therapeuten sein. Es ist ein Weg, in der Therapie einen achtsamen Umgang mit Menschen wirksam werden zu lassen. Die Achtsamkeitstherapie hat den gleichen Ansatz: Die sorgfältige Beachtung auch von Kleinigkeiten kann uns zu dem führen, was wir lange in unserem Leben zu sehr in den Hintergrund gestellt haben. So kann es ein wichtiger Schritt in der Persönlichkeitsentwicklung sein, eine musische Begabung aufzugreifen und ein Instrument zu lernen oder wieder aus der Ecke zu holen.

Die dahinter stehende Haltung entspricht dem, was Albert Schweitzer „Ehrfurcht vor dem Leben" genannt oder was Erich Fromm als Biophilie in Abgrenzung zur Nekrophilie gesehen hat.

In der Therapie geht es darum, dem Menschen in seiner Würde so achtsam wie möglich zu begegnen, nicht durch konfrontierende Fragen nach schmerzlichen Ereignissen die Belastung zu steigern, sondern eher durch Fragen nach dem nächsten Lebensziel oder danach, was bisher im Leben möglich war und gelungen ist, die Belastung zu reduzieren.

Im folgenden Beispiel werden Elemente von ressourcenorientiertem Arbeiten deutlich:

Bei einer jugendlichen 15-jährigen Patientin, die in ihrer Wohnung überfallen wurde, war es anfangs in der Therapie nicht angezeigt, dass ich (M. Leibig) nach dem Verlauf des Überfalls frage. Die Jugendliche hatte sich massiv einer Vergewaltigung zur Wehr gesetzt, konnte den Angreifer in die Flucht schlagen und litt seit dieser Zeit unter Albträumen und Flashbacks. Sie hatte bereits zwei Therapieanläufe abgebrochen, weil die Kolleginnen, sicher ohne es zu wollen, durch ihre eindringenden Fragen sie erneut retraumatisiert hatten und die Albträume noch schlimmer wurden.

Es war möglich, mit ihr sehr achtsam in der Weise zu arbeiten, dass sie einen sicheren Ort für sich finden konnte und eine hilfreiche Gestalt, die das überfallene Mädchen von damals beruhigte und tröstete. Wichtig war es aber auch, das Thema zu umkreisen, was ihr Freude macht, was ihr bisher im Leben gut ge-

Hoffnung pflanzen (yanadjan Adobe Stock 331906529)

lungen ist. Auf die Frage, ob es ein Samenkorn der Hoffnung in ihr gebe, dass es ihr wieder besser gehen könne, antwortete sie bejahend. Seither kümmern wir uns jede Stunde um dieses Samenkorn der Hoffnung. Es ist eher ein unspektakuläres Arbeiten, und ich muss es aushalten, manches vielleicht lange nicht zu erfahren, vielleicht auch gar nie.

Im therapeutischen Sandspiel gestaltete die Jugendliche nach wenigen Stunden ein Bild am Meeresstrand und nannte es „Sommerferien". Es ist ein Bild, in dem deutlich wird, wie der positive Mutterarchetyp als Boden für ihren Heilungsweg wieder konstelliert ist. Die Jugendliche hat wieder Beziehung und Verbindung zu ihrem Selbst gefunden. Der Libidofluss auf der Ich-Selbst-Achse ist angeregt. Das radikal erschütterte und verunsicherte Ich der Jugendlichen fängt an, sich von dem traumatischen Ereignis zu erholen.

Wenn wir das Gelungene im Leben ausführlich betrachten, ermöglicht uns dies, die resilienten Faktoren eines Patienten zu sehen.

Unter Resilienz verstehen wir die seelische Widerstandskraft eines Menschen gegenüber Belastungen (lat. resilio – ich springe zurück, nämlich in einen vorigen Zustand des Wohlbefindens). Die Resilienzforschung beschäftigt sich damit, wie es Menschen schaffen, trotz Belastungen gesund zu bleiben oder gesund zu werden.

Das archetypische Feld

In der Archetypentheorie von C. G. Jung liegt ebenfalls ein wesentliches Feld zum Verständnis von Ressourcen und Resilienz. Wir alle kennen Menschen, die über einen positiven Zugang zur Natur eine wichtige Ressource für sich gefunden haben. Darin kann sich ein Aspekt eines positiven Mutterarchetyps zeigen.

Für andere Menschen ist es die Malerei, das Singen oder der Sport. Wesentlich dabei ist, dass wir uns in diesen Bereichen wohlfühlen können. Es ist hilfreich, differenzierende Wahrnehmungen anzuregen: Was ist anders, wenn Sie im Wald sind? Wo spüren Sie das angenehme Gefühl im Körper? Konzentrieren Sie sich kurz darauf. Es gilt, sich auf die Momente zu konzentrieren, in denen Selbsterleben, Welterleben und Körpererleben angenehm sind und es dem Menschen besser geht.

Emotionen sind wesentliche Träger von Motivation. Wir brauchen das Gefühl: Das hat mir gut getan, das mache ich wieder. Antonio Damasio hat die Theorie von den somatischen Markern entwickelt. Damit ist gemeint, dass unser Körper blitzschnell Signale gibt, die „Stopp" oder „Go" bedeuten und damit unsere Motivation beeinflussen. Diese Körpersignale gilt es aufzunehmen.

All dies unterstützt die Entwicklung und Erweiterung der Ressourcen und damit den Aufbau von Resilienzfaktoren. Resilienz kann man lebenslang fördern, und dieses Wissen hilft uns in der Arbeit mit sehr belasteten Menschen. Und Veränderungen brauchen Zeit.

Diese Zeit den Menschen zur Verfügung zu stellen, unterstützt ihre kreative Entwicklung von Ressourcen.

Neurobiologie des Gehirns und ressourcenorientierte Psychotherapie

Das emotionale Zentralorgan des Gehirns ist die Amygdala, eine mandelförmige Struktur im Mittelhirn, daher der Name Mandelkern. Die Amygdala und das mesolimbische System (ein Komplex von Zellgruppen im Mittelhirn) sind der Ort des emotionalen Gedächtnisses. Durch die Amygdala erfolgt die emotionale Steuerung unseres Bewusstseins. An der Amygdala kommen wir nicht vorbei. Alle Wahrnehmungsvorgänge werden im limbischen System, dessen Teil die Amygdala ist, auf ihre emotionale Bedeutung hin überprüft. Klaus Grawe (2004) bezeichnet die Amygdala in seinem Buch Neuropsychotherapie als „Angstzentrale".

Es gibt einige Grundsätze in der Neurobiologie des Gehirns, die wir uns vergegenwärtigen sollten, wenn wir Psychotherapie ausüben. Der erste Grundsatz heißt: „Use it or lose it." Neuronen und Synapsen müssen in Gebrauch sein, damit sie nicht verkümmern. Das ist vergleichbar mit unserer Muskulatur: Nur Muskeln, die trainiert werden, vergrößern und vermehren sich und sind bei Bedarf einsatzbereit. Nur neuronale Netzwerke, die im Gebrauch sind, können gut eingesetzt werden.

Annäherungs- und Vermeidungsziele

Im psychotherapeutischen Zusammenhang bedeutet dies, dass wir das Gehirn des Patienten veranlassen sollten, sich möglichst viel mit den Zielen zu beschäftigen, die er oder sie erreichen möchte, damit die entsprechenden Neuronen und synaptischen Verbindungen durch den Gebrauch gestärkt werden. Die positive Konnotierung von erreichbaren Zielen und die korrigierenden emotionalen Erfahrungen, die ein Patient dabei macht, aktivieren das Annäherungssystem, das in bestimmten Arealen des linken präfrontalen Kortex (PFC) repräsentiert ist. Das ist die Region hinter der Stirn.

Das Vermeidungssystem dagegen ist im rechten PFC repräsentiert. Stellen Sie sich einen depressiven Patienten vor. Bei ihm sind die Bahnen zwischen dem mesolimbischen System und dem rechten PFC gut gebahnt. Diese Areale sind bei ausweichendem, vermeidendem und resignativem Verhalten übermäßig aktiviert.

Ein aktivierter linker PFC steht mit Annäherungsverhalten in Zusammenhang. Eine ressourcenorientierte Therapie bemüht sich darum, den linken PFC zu stärken und die Bahnen zum rechten PFC zu hemmen.

Die Motivationsstruktur des Menschen ist so aufgebaut, dass es leichter ist, die Förderung von Annäherungszielen zu erreichen, als Vermeidungsziele zu hemmen. Es fällt uns leichter, uns vorzustellen, dass wir gesund schlank und sportlich sind (Annäherungsziel), als uns vorzustellen, keine Schokolade zu essen (Vermeidungsziel)

Wir wissen heute, dass unser Gehirn auch im höheren Alter noch eine beachtliche neuronale Plastizität hat. Natürlich haben Kinder die höchste Gehirnplastizität und die besten Lernfähigkeiten. Wir werden mit einem erheblichen Überangebot an Neuronen geboren, das sich bei Nichtgebrauch in den ersten Lebensjahren wieder reduziert. Dies entspricht dem erwähnten „use it or lose it". Der Verlust von fast einem Drittel der ursprünglich vorhandenen Neuronen ist physiologisch und normal. Wenn wir den verbleibenden Rest gut nutzen, ist dem Gehirn genüge getan.

Ein weiterer Grundsatz wird die Hebbsche Regel genannt: „Neurons that fire together wire together." (Neurone, die zusammen feuern, verbinden sich miteinander.) Dies ist für die psychotherapeutische Arbeit insofern bedeutsam, als es uns darum geht, dem Patienten zu ermöglichen, störende Lebenshaltungen, pathologische Überzeugungen und krankheitsverursachendes Beziehungsverhalten zu verändern. Wie gelingt es uns, das Gehirn des Patienten aufnahmebereit zu machen für neue Anschauungen und Werte?

Da kommt ein weiterer Grundsatz ins Spiel: Wir lernen nur dann wirklich gut, wenn wir mit Freude und Engagement bei der Sache sind. Nur wenn die Neuorientierung, die der Patient erreichen möchte, in einem positiven emotionalen Umfeld erfahren wird, verknüpfen sich – gemäß der Hebb'schen Regel – die zusammengehörigen Neurone leichter, und es kommt zu einer Verstärkung der synaptischen Verbindungen.

Das Belohnungserwartungssystem

Dem liegt das Belohnungserwartungssystem zugrunde, das auch Dopaminsystem genannt wird. Dopamin wird durch angenehme Erfahrungen ausgeschüttet und bewirkt eine Verstärkung der synaptischen Verbindungen und damit eine Stärkung der gewünschten Therapieeffekte. Deshalb ist es sinnvoll, das Gelungene, das Freudige, das positiv Erreichte in den Vordergrund zu stellen. Deshalb ist es sinnvoll, eine Freudetagebuch zu führen. Damit stärken wir den linken präfrontalen Kortex.

Ein Beispiel hierzu: Eine Jugendliche, ich (M. Leibig) nenne sie Pia, die mit 16 Jahren nach dem Suizid ihres acht Jahre älteren Freundes in Behandlung kam, hatte als Resilienzfaktoren unmittelbar nach dem traumatischen Ereignis ihre Familie und gute Freunde als soziale Ressource. Als persönliche Ressourcen hatte sie ihre Liebe zu Musik. Sie spielte Gitarre, tanzte gerne, malte und hatte wirklich gute Freundinnen.

Als die Eltern aus einer latenten Krise heraus, die plötzlich akut wurde, sich sechs Monate später trennten, brach Pia noch einmal zusammen. Sie hatte sich noch nicht vom Tod des Freundes erholt, da geschah für sie wieder eine enorm schmerzliche Trennung.

Das im Elternarchetyp repräsentierte Verbindungsgefühl brach auseinander. Sie schimpfte und weinte. „Warum tun die mir das auch noch an?" Ihr Welt- und Gottesbild war erschüttert. „Ich bin doch erst 17, ich kann das nicht ertragen", klagte sie. „So kann ich nicht leben." Sie war einige Wochen suizidal und im Vermeidungsverhalten gefangen. Sie hatte zwei Monate schwere Angstzustände und konnte in ihrer Lehre nicht mehr arbeiten.

Meine Aufgabe im Sinne der Ressourcenaktivierung sah ich darin, einen Zugang zum Annäherungssystem zu finden. Hier half mir das Wissen um die heilsamen Energien von archetypischen Feldern. Ich erarbeitete mit Pia einen sicheren Ort und einen Engel als hilfreiche Gestalt. Es ging darum, in Pias Innenwelt – als Gegengewicht zur seelischen Erschütterung – eine imaginierte gute Welt zu erschaffen, damit sie dort Trost, Geborgenheit und Unterstützung finden kann. Sie konnte ihren Selbstwert stärken und Selbstwirksamkeit darin erfahren, dass sie sich mit den Imaginationsübungen selbst helfen kann.

Ich fragte sie, wie sie sich in 10 Jahren sieht und was sie der 10 Jahre älteren Pia empfehlen würde? Sie konnte darauf eingehen und fand wieder Verbindung zu ihren Ressourcen. So holten wir immer wieder die Frau, die sie einmal sein wird, zu Hilfe. Diese Zukunftsperspektive hat ihr geholfen, aus der gegenwärtigen Suizidalität herauszufinden.

Im Dialog mit der 10 Jahre älteren Pia fand sie ihr inneres Entwicklungsobjekt und eine hoffnungsvollere Zukunftsperspektive.

Das analytische Setting, dass sie einige Monate hochfrequent in Therapie kommen konnte, sowie die positive Übertragungsbeziehung waren ebenfalls sehr hilfreich. Das Grundbedürfnis nach Bindung und Beziehung wird in einer analytischen Therapie gut genährt, vorausgesetzt, die therapeutische Beziehung ist vertrauensvoll und unterstützend.

Ego-States

Am Beispiel von Pia möchte ich die Arbeit mit Ego-States (Ich-Zustände, Teilaspekte der Persönlichkeit) verständlich machen. In dieser Behandlungstechnik werden psychische Anteile in der Imagination angesprochen und versorgt. Bei der jungen Patientin war dies die innere Gestalt der älteren 16-jährigen Pia, die den Tod des Freundes hinnehmen musste. Dadurch wurden mütterliche oder auch väterliche Aspekte in ihrer Seele evoziert.

Es gab auch eine Situation, in der die kleine 4-jährige Pia am sicheren Ort versorgt wurde. Damals hatte sie nach einem Umzug der Eltern sehr gelitten. Behandlungstechnisch wird hier eine Regression evoziert, das Ich der Gegenwart wird dabei jedoch stabil gehalten. Es wird über die Imagination eine Verbindung zu den abgewehrten Anteilen geschaffen, und in der Imagination entsteht eine Erlösung für das kleine Mädchen von damals, das gesehen, geachtet, getröstet und mütterlich versorgt wird. Die Bedürftigkeit wird nicht in der Übertragungsbeziehung bearbeitet, sondern es entsteht für das Kind von damals in der Imagination eine neue mütterliche Erfahrung.

In dieser Form der therapeutischen Arbeit ist es wichtig darauf zu achten, sich nicht mit den kindlichen Anteilen zu identifizieren. Es geht nicht um die Regression in der Übertragungsbeziehung. Dennoch findet durch den Umgang mit den Symbolen die Regression in

Was sind Ressourcen? (2)

ChatGPT meint zu den „Ego-States"
(März 2023):

In der Psychotherapie bezieht sich der Begriff „Ego-States" auf verschiedene Zustände oder Teile der Persönlichkeit einer Person, die unterschiedliche Gefühle, Gedanken und Verhaltensweisen haben. Ein Ego-State kann als eine Art „Unterpersönlichkeit" verstanden werden, die in bestimmten Situationen aktiv wird und in der Regel spezifische Erinnerungen, Überzeugungen und Emotionen hat.

Einige Ego-States können positiv und funktional sein, während andere negativ und dysfunktional sind und psychische Probleme verursachen können. Zum Beispiel kann ein traumatisiertes Individuum verschiedene Ego-States haben, die verschiedene Teile seiner Traumatisierung widerspiegeln, wie z.B. ein „Angst-Ego-State", ein „Wut-Ego-State" oder ein „Depressions-Ego-State".

In der Psychotherapie kann die Arbeit mit Ego-States ein wichtiger Bestandteil der Behandlung sein. Der Therapeut kann mit dem Patienten arbeiten, um diese verschiedenen Teile seiner Persönlichkeit zu erkennen und zu verstehen, und dann Strategien entwickeln, um dysfunktionale Ego-States zu integrieren oder zu transformieren, um eine Verbesserung des psychischen Wohlbefindens und eine bessere Funktionsweise in verschiedenen Lebensbereichen zu ermöglichen.

Es gibt verschiedene Arten von Ego-States, die sich unterscheiden lassen. Einige der häufigsten sind:

- Kind-Ego-States: Diese repräsentieren verschiedene Altersstufen und Entwicklungsebenen des inneren Kindes, die in der Vergangenheit erlebt wurden. Sie können positive und negative Aspekte haben.

- Eltern-Ego-States: Diese repräsentieren die Überzeugungen, Werte und Erwartungen, die eine Person von ihren Eltern oder anderen Autoritätspersonen gelernt hat.

- Erwachsenen-Ego-States: Diese repräsentieren das rationale und logische Denken einer Person und ihre Fähigkeit, Entscheidungen zu treffen und Probleme zu lösen.

- Trauma-Ego-States: Diese repräsentieren die Erfahrungen einer Person im Zusammenhang mit traumatischen Ereignissen. Sie können negative Emotionen, Verhaltensweisen und Gedankenmuster auslösen.

- Überlebens-Ego-States: Diese repräsentieren die Überlebensstrategien, die eine Person entwickelt hat, um mit schwierigen Situationen umzugehen. Sie können in bestimmten Situationen hilfreich sein, können aber auch zu ungesunden Verhaltensweisen führen.

Es ist wichtig zu beachten, dass diese Kategorien nicht festgelegt sind und dass es oft Überschneidungen zwischen verschiedenen Ego-States gibt. In der Therapie wird in der Regel individuell darauf eingegangen, welche Ego-States bei einer Person vorhanden sind und wie sie am besten behandelt werden können.

persönliche Komplexbereiche und archetypische Felder statt. Es werden intrapsychisch mit dieser Behandlungstechnik sowohl fürsorgliche Aspekte evoziert, z. B. im Symbol der hilfreichen Gestalt, die sich liebevoll um das Kind von damals kümmern kann, als auch regressive Bedürfnisse des Kindes von damals befriedigt. Die Stabilität des Ich bleibt gewahrt.

Die Wirkkraft, die wir als Therapeuten mit unseren Interventionen haben, ist immens. Und entsprechend zu unseren Interventionen entstehen beim Patienten Bahnungen im Gehirn. Wenn wir ausschließlich nach Konflikten fragen, beschäftigt sich der Patient primär mit seinen Konflikten. Wenn wir fragen: „Was hat Ihnen denn früher geholfen, mit schwierigen Situationen umzugehen?", werden völlig andere Gefühlsmuster und Denkmuster angesprochen und andere archetypische Felder evoziert. Durch unsere Haltung und unsere Fragen geben wir eine Richtung vor, die weitreichende Konsequenzen für den Patienten hat. Wir unterstützen Menschen in der inneren Gestaltung ihres Lebens, und es können neue Entwürfe für das Leben entstehen.

Beziehungsstress vermeiden
Wie wir wissen, ist ein wichtiger Wirkfaktor in der Psychotherapie die therapeutische Beziehung. Beziehungsstress vermindert die Möglichkeiten, Neues aufzunehmen, und wirkt sich, wie wir aus Untersuchungen mit bildgebenden Verfahren wissen, negativ auf das Volumen des Hippocampus aus, der für das episodische Gedächtnis zuständig ist. Die leider nicht so seltenen Kämpfe in Therapien (um Deutungen, um Settingfragen) sind unter diesem Gesichtspunkt kontraproduktiv, da sie schlechte Stimmung und Verdruss machen und damit meist nichts Neues bringen.

Früher wurde häufig angenommen, dass Therapien nur gelingen, wenn die Aggressionen ordentlich hochgekocht sind. Dies lässt sich heute so nicht mehr sagen. Richtig ist, dass Veränderungsprozesse leichter gelingen und dauerhafter wirken, wenn die Einflüsse mit einer gewissen emotionalen Dichte erlebt werden. Wenn diese Emotionalität aber überwiegend durch Aggression hergestellt wird, kann sich das eher kontraproduktiv auswirken. Die Kreativität, die wir für Veränderungsprozesse

brauchen, kann durch Angst und Aggression blockiert werden.

Ressourcenorientierte Therapie bemüht sich also darum, wieder zu den Quellen vorzudringen, dorthin, wo die Patienten sich wohler fühlen und fühlten. So wird es z. B. bei einem depressiven Patienten nicht sehr sinnvoll sein, sehr ausführlich und immer wieder auf biografisch zurückliegende Episoden des Gedrücktseins zu sprechen zu kommen und diese möglichst breitzutreten. Im Sinne der Annäherungsziele muss es vielmehr darum gehen, die Ausnahmen herauszufinden: Wann sind Sie nicht depressiv, unter welchen Umständen sind Sie angstfreier, was hat Sie heute Morgen schon erfreut? Was wäre, wenn Ihr Symptom schon beseitigt wäre, wenn Sie ihr Behandlungsziel erreicht hätten?

Solche Fragen sind uns, wenn wir von der konfliktorientierten Sichtweise kommen, recht wenig vertraut.

Wir sind es gewohnt, nach dem Schwierigen, dem Konflikthaften zu fragen und sind geneigt, in der Biografie immer wieder um den Konflikt zu kreisen. Durch das Sprechen über Konflikte erlebt der Patient eine Entlastung. Dies ist durchaus sinnvoll. Es unterstützt sein Erklärungsbedürfnis, das Bedürfnis nach Verstehbarkeit des Geschehenen. Eine zu lange Beschäftigung mit dem Mangel der Vergangenheit kann aber auch die ängstigenden und vermeidenden Areale im Gehirn aktivieren und verstärken – dies ist psychotherapeutisch nicht gewünscht und mitunter geschehen dadurch auch Retraumatisierungen.

Archetypische Bedürfnisse
Die wissenschaftlichen Untersuchungen von Grawe und seinen Mitarbeitern bestätigen eindrücklich, dass der Therapieerfolg, die Erreichung der Therapieziele, davon abhängt, wie häufig und wie intensiv der Patient bedürfnisbefriedigende Erfahrungen in den konkreten Sitzungsstunden gemacht hat.

Das Gefühl von Bedürfnisbefriedigung stellt sich am ehesten ein durch „Klärungserfahrung, Bewältigungserfahrung und Selbstwirksamkeitserfahrung" (Grawe, 2004, S. 390), was Lotte Köhler auch als Effektanzerleben bezeichnet hat.

Ressourcenaktivierung bedeutet für den Patienten auch, dass er selbstwerterhöhende

Erfahrungen macht. Die sehr detaillierten Untersuchungen von Grawe zeigen auch, dass ein positiver Stundenoutcome wie auch insgesamt ein positiver Therapieausgang signifikant korreliert mit der ressourcenaktivierenden Haltung und den ressourcenaktivierenden Interventionen des Therapeuten. Ein aktives, ressourcenförderndes Verhalten des Therapeuten verbessert das Therapieergebnis. „Konsistenzverbesserung durch positive bedürfnisbefriedigende Erfahrungen im Therapieprozess ist demnach eine conditio sine qua non für erfolgreiche Psychotherapie." (Grawe, 2004, S. 406)

Um es nochmals hervorzuheben: Ressourcenaktivierung heißt Befriedigung grundsätzlicher menschlicher, archetypischer Bedürfnisse nach positiver Beziehung, vertrauensvoller verlässlicher Bindung, Resonanz, sozialer Anerkennung und Sinnhaftigkeit. Dies ist für Therapeuten, die durch ihre Ausbildung sehr am Mangel, am Fehlenden, am nicht Stimmenden orientiert sind, nicht leicht zu verkraften und schon gar nicht leicht umzusetzen. Viele Kollegen weisen ja voller Wonne darauf hin, dass sie am Verdorbenen arbeiten.

Wenn wir die Erkenntnisse der Psychotherapieforschung ernst nehmen, werden wir uns wieder mehr auf das besinnen, was wir in der Analytischen Psychologie und Theorie glücklicherweise schon bei uns haben: Wichtig ist der finale, sinnhafte Aspekt des Geschehens. Die Frage des Wo-Zu aktiviert das Annäherungssystem, während das zu lange Verharren bei der Frage nach dem Warum das Vermeidungssystem aktiviert.

Von Laotse kennen wir den Satz „Das einzig Beständige ist der Wandel." Unser Körper verändert sich ununterbrochen, und die Spuren in unserer Seele, die unser Alltag hinterlässt, ebenfalls. Wir brauchen kollektiv neue Werte und Bilder, um ausgetretene Pfade zu verlassen und uns in Kooperation zu üben.

Vor dem Hintergrund vieler neuer wissenschaftlicher Erkenntnisse gibt es auch für uns Therapeuten die Aufgabe des Wandels unter Berücksichtigung dessen, was sich als hilfreich in der Therapie für Menschen gezeigt hat.

Literatur

Fürstenau, P. (erw. Aufl. 2002). *Psychoanalytisch verstehen. Systemisch denken. Suggestiv intervenieren.* Pfeiffer bei Klett-Cotta.

Grawe, K. (2004). *Neuropsychotherapie.* Hogrefe.

Storch, M. *Ressourcenorientiert coachen mit dem Zürcher Ressourcenmodell.* www.zrm.ch/default.htm?/publikationen.htm.

Thomä, H.; Kächele, H. (1985). *Lehrbuch der psychoanalytischen Therapie.* Band 1 Grundlagen. Springer.

Obiges Gemälde von M. und B. Leibig wurde von einer KI auf der Ausstellung „Cyber and the City" in Tübingen erstellt (März 2023).

Margarete Leibig
Dipl.-Soz.päd., Analytische Kinder- und Jugendlichenpsychotherapeutin, Psychodramatherapeutin, Dozentin und Supervisorin am C. G. Jung-Institut Stuttgart, ehem. Vorstandsmitglied des C. G. Instituts, der Deutschen Gesellschaft für Analytische Psychologie und aktuell Vorstandsmitglied der Internationalen Gesellschaft für Tiefenpsychologie.

Bernd Leibig
Facharzt für Pschotherapeutische Medizin, Lehr- und Kontrollanalytiker am C. G. Jung-Institut Stuttgart, Paartherapeut, Traumatherapeut, ehem. Vorsitzender des C. G. Jung-Instituts, ehem. Vorstandsmitglied der Deutschen Gesellschaft für Analytische Psychologie.

Was sind Ressourcen? (3)

Therapeutische Leitregeln von Klaus Grawe

Prof. Dr. Klaus Grawe (1943-2005) entwickelte auf Basis der Erkenntnisse der Psychotherapie- und Hirnforschung die **Allgemeine Psychotherapie**.
Diese geht von fünf psychotherapeutischen Wirkfaktoren aus:

1. Die therapeutische Beziehung, 2. Ressourcenaktivierung. 3. Problemaktualisierung, 4. Motivationale Klärung und 5. Problembewältigung.

Darauf aufbauend formulierte er therapeutische Leitregeln, die der von C. G. Jung vorgeschlagenen dialektischen Beziehung und auch der Wichtigkeit der Wertschätzung bei Carl Rogers nahekommen. Im Zusammenhang mit dem Wirkfaktor der Ressourcenaktivierung empfiehlt er:

„[...] 5. Stelle aktiv Situationen her und ergreife jede sich bietende Gelegenheit, den Patienten selbstwerterhöhende Wahrnehmungen machen zu lassen. Erkundige dich nach interessanten, positiven Aspekten im Leben des Patienten, nach seinen normalen Lebensvollzügen. Lass dir schildern, was ihn interessiert, womit er gerne Zeit verbringt. Zeige, dass du interessiert bist, auch diese Seiten kennenzulernen. [...]
Flechte in deine Sätze immer wieder Worte, Ausdrücke und Bilder ein, die für den Patienten eine positive, ihn aufwertende Bedeutung haben, ohne davon viel Aufhebens zu machen und ohne ausdrücklich die Aufmerksamkeit darauf zu lenken.
Sprich immer wieder Dinge an, die eine positive Bedeutung für die wichtigen motivationalen Ziele des Patienten haben. Suche nach Dingen, für die du dem Patienten glaubhaft Anerkennung vermitteln kannst, drücke ihm das aus und stehe dann dazu, dass du das anerkennungs- oder sogar bewunderungswürdig findest, auch wenn der Patient das abwehrt. [...]
6. Nutze alle Gelegenheiten, die sich bieten, dass der Patient in der Therapiesitzung auch angenehme Zustände erleben kann, wie gemeinsam über etwas zu lachen, einen Erfolg auszukosten usw. Der Patient sollte in den Therapiesitzungen soviel positive Emotionen erleben, wie es bei der Notwendigkeit, sich intensiv mit seinen Problemen zu beschäftigen, irgend möglich ist. [...]“

Grawe, K. (2004). *Neuropsychotherapie*. Hogrefe 2004, S. 435 ff.

Das Zürcher Ressourcen-Modell (ZRM): Aus einer Vielzahl von Bildkarten, die Ressourcen aktivierende Inhalte haben und aus verschiedenen Lebensbereichen stammen, wird eine zu diesem Zeitpunkt besonders ansprechende Karte ausgewählt. Die Gruppenteilnehmer steuern eigene Einfälle, Assoziationen, Amplifikationen usw. bei, die in einem imaginären „Ideenkorb" gesammelt werden. Die Teilnehmer entnehmen sich daraus die Ideen, die ihnen mit Hilfe ihrer somatischen Marker besonders stimmig und hilfreich erscheinen.

Das Zürcher Ressourcen-Modell ZRM

Maja Storch

Einführung

Zusammen mit Dr. Frank Krause habe ich in meiner Zeit als Wissenschaftliche Mitarbeiterin im Lehrstuhl für Pädagogische Psychologie ein Ressourcen aktivierendes Selbstmanagementtraining entwickelt. Frank Krause und ich haben unserem Training den Namen Zürcher Ressourcen Modell ZRM gegeben. Das ZRM ist als open source konzipiert, sämtliche Arbeitsblätter finden sich auf der Seite www.zrm.ch. Ebenso findet man dort alle unsere Studien zur Wirksamkeit des ZRM sowie das kostenlose Online-Tool zur Bildung eines Motto-Ziels mit der ZRM-Bildkartei. Die Zertifikatsausbildung zum ZRM-Trainer und zur ZRM-Trainerin wird über das Institut für Selbstmanagement und Motivation Zürich, ISMZ, einem Spinoff der Universität Zürich, durchgeführt. Aus Gründen der Qualitätssicherung ist das Zertifikat jedoch – im Gegensatz zu den restlichen Lehrmitteln – markenrechtlich geschützt.

Frank Krause und ich hatten uns beide mit zahlreichen psychotherapeutischen Verfahren beschäftigt, bevor wir damit begonnen haben, das ZRM zu entwickeln. Beide haben wir die Ausbildung in Psychodramatherapie abgeschlossen. Frank Krause hat eine Ausbildung in Gesprächstherapie nach Rogers abgeschlossen, und ich habe die Ausbildung zur Analytischen Psychologin in Küsnacht abgeschlossen. Beide sind wir weitergebildet in systemischen Verfahren, in Verhaltenstherapie und verfügen über Grundkenntnisse in Hypnotherapie. Aufgrund dieser breiten Aus- und Weiterbildungssituation war es uns von Anfang an ein Anliegen, ein Training zu entwickeln, das in der Lage ist, die verschiedenen Ansätze zu integrieren, und auf eher zentrale Gemeinsamkeiten des Heilungsprozesses fokussiert, statt Unterschiede in den Vordergrund der Debatte zu stellen.

Da Frank Krause und ich beide die Absicht hatten, mit einer Persönlichkeitstheorie zu arbeiten, die den Menschen nicht nur als vom Verstand aus gesteuert sieht, sondern die auch dem Unbewussten einen gebührenden Stellenwert zuweist, haben an einigen Stellen des ZRM-Trainings Ideen von C. G. Jung Einfluss genommen. Darüber möchte ich in diesem Artikel berichten. Aus Gründen der besseren Lesbarkeit verzichte ich in diesem Text auf Literaturangaben. Alle Literatur, auf die ich mich beziehe, findet sich in der 7. Auflage des ZRM-Basisbuchs (Storch, Krause und Weber, 2022) sowie in den zahlreichen kostenlos zugänglichen Studien und Texten zum ZRM auf der Seite *www.zrm.ch.*

Ich werde im folgenden Text auf Themen eingehen, die für den gezielten Aufbau von Ressourcen relevant sind: Die Theorie der somatischen Marker von Antonio Damasio, ihren Bezug zur Idee der Sinnreaktion bei C. G. Jung und die Verwendung der somatischen Marker im ZRM. Außerdem widme ich mich der Methode der Amplifikation bei C. G. Jung und ihrer Verwendung beim Ideenkorb des ZRM.

Somatische Marker nach Antonio Damasio

Der Begriff „somatische Marker" wurde von dem amerikanischen Neurowissenschaftler Antonio Damasio geprägt. Nach Damasio ist das Bewertungssystem des Gedächtnisses an Affekte gekoppelt, die das Verhalten des Organismus beeinflussen, indem sie aufgrund angeborener „Schaltkreise" oder aufgrund von Erfahrungen aus allen möglichen Reaktions- und Verhaltensweisen, die dem Organismus zur Verfügung stehen, eine Auswahl treffen.

Auf welche Weise signalisieren die Affekte dem Organismus diese Verhaltensauswahl? Verhalten hat mit Aktion zu tun. Um Aktionen auszuführen, brauchen wir unseren Körper. Darum liegt es nahe, für dieses Signalsystem eine enge Koppelung von affektiver Bewertung und körperlichen Reaktionen zu vermuten. Die Neurowissenschaften bestätigen dies.

Damasio beschreibt detailliert, wie man sich diesen Zusammenhang im Einzelnen vor-

ressourcen

zustellen hat: „Bei einer typischen Emotion senden bestimmte Gehirnregionen, die zu einem weitgehend vorprogrammierten System gehören, nicht nur Befehle an andere Hirngebiete, sondern an fast jeden Ort des übrigen Körpers. Die Befehle werden auf zwei Wegen übertragen. Der eine ist die Blutbahn, wo die Übertragung durch chemische Moleküle erfolgt, die auf die Rezeptoren von Zellen in Körpergeweben einwirken.

Den anderen Weg bilden Nervenzellbahnen, und die Befehle auf dieser Route nehmen die Gestalt elektrochemischer Signale an, die auf andere Neuronen, Muskelfasern oder Organe (etwa die Nebenniere) einwirken, die ihrerseits chemische Stoffe in die Blutbahn abgeben können. Das Ergebnis dieser konzertierten chemischen und neuronalen Kommandos ist eine globale Veränderung im Zustand des Organismus." (2001, S. 87)

Die enge Vernetzung von Gefühlen, Körperempfindungen und Reaktionsselektion wurde von Damasio durch seine Forschungen bestätigt und in seiner Theorie der somatischen Marker zusammengefasst. Er geht davon aus, dass aufgrund von Konditionierungsprozessen „praktisch jedes Objekt und jede Situation unserer Erfahrung" mit Gefühlen und den begleitenden Körperzuständen verknüpft werden (2001, S. 77).

Wenn ein Organismus einem Objekt oder einer Situation ausgesetzt ist, werden nicht nur die entsprechenden Informationen über das entsprechende Objekt oder die Situation in einem neuronalen Netz gespeichert, sondern auch die Gefühle und die Körperempfindungen, die sich aus der Begegnung mit diesem Objekt oder dieser Situation ergeben haben.

Entsprechend konzipiert Damasio auch das System der somatischen Marker. Jedes Objekt oder jede Situation, mit denen ein Organismus Erfahrungen gesammelt hat, hinterlässt einen somatischen Marker, der eine Bewertung dieser Begegnung speichert. Die Bewertung findet statt nach dem System „Gut gewesen, wieder aufsuchen" oder „Schlecht gewesen, das nächste Mal lieber meiden". Wenn sich der Organismus dann wieder in einer entsprechenden Situation befindet oder sich in einem vorausschauenden Planungsprozess darüber Gedanken machen muss, wie er mit einer bestimmten Situation umgehen soll, erfährt er über somatische Marker blitzschnell, was zu dieser Thematik bisher an Erfahrungen gesammelt wurde. Natürlich ist bei einem Entscheidungsprozess auch immer der Verstand beteiligt, aber er kommt erst zum Einsatz, nachdem die somatischen Marker schon lange tätig waren.

Die Sinnreaktion nach C. G. Jung
Während meiner Ausbildung am C. G. Jung-Institut in Zürich lernte ich, dass man in der Analytischen Psychologie die sogenannte „Sinnreaktion" der Klientin bzw. des Klienten als Orientierungshilfe beobachtet.

Was mir besonders gut an dieser Vorgehensweise gefallen hat, war die Tatsache, dass die Analytikerin bzw. der Analytiker nicht aus einer Expertenposition heraus die richtige Interpretation bestimmter Traumsymbole festlegt, sondern dass die Bedeutung eines Traumbildes oder z. B. eines Bildes, das durch Malen aus dem Unbewussten entstanden war, zusammen mit dem Gegenüber exploriert und gestaltet wurde. Die Sinnreaktion war bei diesem Prozess als eine Art Hinweisgeber zu sehen, der darauf schließen ließ, welche mögliche Interpretation auf Resonanz stieß.

Damasio unterscheidet zwischen positiven und negativen somatischen Markern, man könnte also aus der Sicht der Neurobiologie zwischen einer negativen und einer positiven Sinnreaktion unterscheiden. Für den Zweck des Ressourcenaufbaus empfiehlt es sich natürlich, auf positive somatische Marker zu achten, denn sie weisen darauf hin, wo Kraft, Anziehungskraft, Sehnsucht oder eventuell sogar mögliche Lösungsansätze liegen.

In der Sprache der Psychologie formuliert kann man davon ausgehen, dass das affektive System nicht nur generell eine Unterstützung bei Entscheidungsprozessen bietet, dass es nicht nur dabei hilft, durch positive somatische Marker Motivation und Willenskraft auszulösen, sondern dass es auch direkte Spiegelung dessen ist, was eine Ressource sein kann. Das heißt als Konsequenz: Das Auftauchen von positiven somatischen Markern ist ein direkter Wegweiser zu den Themen, Inhalten, Absichten und Plänen, die zum Ressourcenaufbau unterstützend eingesetzt werden können. Der große Vorteil für die Psychologie, wenn sie mit somatischen

Markern als diagnostischem Leitsystem arbeitet, ist der, dass diese auf Körperzuständen beruhen. Das heißt, sie sind relativ einfach beobachtbar, messbar und damit objektivierbar.

Die Methodik der ZRM-Bildkartei

Im ZRM-Training erfolgt der Schritt der Exploration der somatischen Marker über die Arbeit mit einer Ressourcen aktivierenden Bildkartei. Die theoretischen Überlegungen hierzu fußen auf denjenigen zu projektiven Tests. Hier wird davon ausgegangen, dass durch geeignetes bildhaftes Stimulusmaterial entsprechende psychische Inhalte auch dann aktiviert werden, wenn sie unbewusst sind.

Dazu wird mit einer Bildkartei gearbeitet, deren Bilder jedoch im Unterschied zu gängigen projektiven Tests, wie z. B. dem thematischen Apperzeptionstest (TAT), nicht traumatische Defizitsituationen ansprechen, sondern Ressourcen aktivierende Inhalte haben – d. h. ausschließlich solche, die mit positiven somatischen Markern gekoppelt sind.

Die Arbeit mit der ZRM-Bildkartei weist gegenüber dem üblichen Umgang mit Fotosammlungen einige Besonderheiten auf. Diese betreffen neben der Art der Bilder, die konsequent auf das Aktivieren von Ressourcen abzielt, die Auswahl und die Auswertung der Bilder durch die Kursteilnehmenden.

Die Auswahl der ZRM-Bilder erfolgt nicht mit Verstandesüberlegungen, sondern mittels somatischer Marker. Die Auswertung der Bilder findet anschließend mit dem Ideenkorbverfahren statt, durch das eigene Hypothesen mit Assoziationen von anderen Gruppenmitgliedern angereichert werden.

So kann der Bildbesitzer/die Bildbesitzerin aus einer Fülle von bewusst und sprachlich verfügbarem Material diejenigen Assoziationen auswählen, die er/sie für sich als passend erlebt. Die Auswahl der Assoziationen aus dem Ideenkorb erfolgt wiederum mit somatischen Markern. Damit hat der ehemals unbewusste Inhalt eine sprachliche Form bekommen und ist für das strategische Planen im Sinne des Selbstmanagements verfügbar.

Der Ideenkorb, eine Form der Amplifikation

Das Ideenkorbverfahren des ZRM ist ein Gruppenverfahren. Es wurde für das ZRM-Training entwickelt, um im Rahmen des Selbstmanagementansatzes den Kursteilnehmenden die Exploration des eigenen Unbewussten zu ermöglichen, und zwar expertenunabhängig. Inspiriert wurde dieses Verfahren durch die Methode der Amplifikation nach C. G. Jung.

Bei der Amplifikation wird der Variantenreichtum möglicher Bedeutungen eines Symbols vergrößert, sodass durch diese Erweiterung von Inhalten das Auftauchen von Sinnreaktionen – somatischen Markern – gefördert wird.

Wichtig bei dieser Vorgehensweise ist die Haltung der Absichtslosigkeit beim Analytiker und bei der Analytikerin. Gemeinsam spaziert man um das Symbol herum, betrachtet es von allen Seiten und wartet auf die selbstorganisierende Entstehung von neuen Mustern. Diese Qualität des absichtslosen Abwartens ist für mich ein wesentliches Kennzeichen des Könnens der Analytischen Psychologie, das es dem Klienten/der Klientin ermöglicht, selbstregulierte Entfaltungsprozesse zu erleben.

Durch die Arbeit mit der Bildkartei – gleich zu Beginn des Trainings – wird im ZRM sichergestellt, dass von Anfang an Ressourcen aktiviert werden, zunächst einmal die Anbindung an unbewusste Bedürfnisse der Kursteilnehmenden. Doch wie wird weiter mit dem Bild verfahren?

Im Rahmen des ZRM-Trainings wird die Interpretation des Bildes nicht von einem Experten vorgenommen. Der Bildbesitzer oder die Bildbesitzerin holt durch ein Amplifikationsverfahren mithilfe der eigenen somatischen Marker allmählich den Sinngehalt des Bildes aus einer vorsprachlichen Form heraus und gießt ihn selbst in eine sprachliche – und damit bewusste – Form.

Das Ziel dieser ersten Phase des ZRM-Trainings besteht darin, die am Training Teilnehmenden mit einem Verfahren bekannt zu machen, das es ihnen erlaubt, ihre unbewusste Bedürfnislage eigenständig zu explorieren und die Ergebnisse dieser Exploration mit ihren bewusst vorhandenen Motiven subjektiv sinnvoll zu ordnen und in Sprache zu fassen.

Das Bild wird dann anhand des Ideenkorbverfahrens mit Assoziationen von anderen Gruppenmitgliedern angereichert, sodass die Bildbesitzenden aus einer Fülle von bewusstem und sprachlich verfügbarem Material mittels somatischer Marker die Assoziationen auswählen können, die sie für sich als passend erleben. Aufgabe der Gruppenarbeit ist es, reichhaltiges Material für den Ideenkorb der Person, deren Bild gerade besprochen wird, zu produzieren. Auch beim Assoziieren wird die Ressourcenperspektive konsequent beibehalten.

Ressourcenaufbau in der Analytischen Psychologie und im ZRM

Die Analytische Psychologie C. G. Jungs hat die Entstehung des ZRM entscheidend bereichert. Zum Ressourcenaufbau kann ich mir keine bessere Basis vorstellen als die große Offenheit, mit der in der Analytischen Psychologie auf Symbole jeglicher Herkunft eingegangen wird. Auch die Tatsache, dass Spiritualität explizit ein Bestandteil der analytischen Arbeit sein kann, und zwar unabhängig von konfessionellen Grenzen, ermöglicht es sehr vielen Menschen, in Kontakt zu heilsamen Ressourcen zu kommen.

Die Offenheit und integrative Absicht des Zürcher Ressourcen Modells wird auch von dieser Grundhaltung getragen, darum kann man diese Methodik auf so vielfältige Weise einsetzen.

Was das Zürcher Ressourcen Modell der Analytischen Psychologie hinzugefügt hat, ist die Entwicklung eines Verfahrens der Amplifikationsarbeit für Gruppen, der Ideenkorb. Auch die Unterweisung der Gruppenmitglieder in den Umgang mit den eigenen somatischen Markern ermöglicht es, aus dem Zweiersetting der klassischen Analyse herauszutreten und diese fruchtbare Ressourcenaktivierung in einem Gruppensetting anzuwenden. Hierin sehen Frank Krause und ich unseren bescheidenen Beitrag zur Weiterentwicklung der wegweisenden Arbeit C. G. Jungs.

Literatur

Damasio, A. (2001). *Descartes Irrtum: Fühlen, Denken und das menschliche Gehirn*. List.

Storch, M., Krause, F. & Weber, J. (2022, 7. Aufl.). *Selbstmanagement – ressourcenorientiert. Grundlagen und Trainingsmanual für die Arbeit mit dem Zürcher Ressourcen Modell ZRM*. Hogrefe.

Website: *www.zrm.ch*

Maja Storch
Studium der Psychologie, Philosophie, Pädagogik, Psychoanalytikerin,Psychodramatherapeutin PDH, Autorin, Trainerin, Erfinderin. Inhaberin und wissenschaftliche Leiterin des ISMZ, www.majastorch.de

Musik als Ressource in der Psychotherapie

Eric Pfeifer

Foto: Adobe Stock 131156975

1. Pioniere der Psychotherapie und Musik
Psychotherapie und Musik passen sehr gut zusammen. Musik ist eine wertvolle Ergänzung im Komponentenspektrum innerhalb psychotherapeutischer Behandlungen. Salopp gesagt: Die Verbindung von Psychotherapie und Musik gleicht einem harmonischen Zweiklang. Der Blick in die Geschichte der modernen Psychotherapie bestätigt dies. So setzten sich bereits die Pioniere ebendieser mit Musik als Ressource und deren spezifischen Potenzialen auseinander. Ein kurzer Abriss bietet anregende Erkenntnisse.

1956 besucht die amerikanische Konzertpianistin und spätere Musiktherapeutin Margaret Tilly C. G. Jung in der Schweiz. Tilly hatte ihm von Paris aus einige ihrer Texte gesandt, woraufhin dieser sie per Antwortschreiben zu sich nach Hause nach Küsnacht einlud. Jung hatte sich früher schon mit Musiktherapie befasst, empfand diese jedoch als sentimental und überflüssig – und war schlichtweg nicht weiter daran interessiert. Die Texte Tillys schienen ihn dann aber doch zu faszinieren. Im Verlauf des gemeinsamen Austauschs mit ihr erwähnt Jung, dass er die gesamte (musikalische) Literatur kenne, alle Werke und alle großen Musiker:innen gehört habe. Mittlerweile würde er jedoch keine Musik mehr hören – sie errege und erschöpfe ihn zu sehr. Dies liege daran,

"

dass Musik mit tiefem archetypischem Material zu tun habe und diejenigen, die sie spielten, dies gar nicht realisieren würden.

Im Anschluss bittet Jung seine Besucherin um praktische Einblicke in ein therapeutisches Handeln mit Musik. Noch vor Ort führt Tilly eine Art Selbsterfahrungseinheit mit Jung durch. An dessen Ende resümiert ein begeisterter Jung, dass Musik von nun an Bestandteil einer jeden Analyse sein müsse, zumal diese zu tiefem archetypischen Material gelange, das in der analytischen Arbeit mit Patient:innen nur selten erreicht werden könne (Tilly, 1986).

In etwa um dieselbe Zeit veröffentlicht Heinz Kohut (1957) seine Überlegungen zu den psychologischen Funktionen von Musik. Er erkennt in Musik eine Ressource, mit Hilfe derer es möglich ist, alle drei Instanzen (Es, Ich, Über-Ich) zu erreichen und zu beeinflussen. Aus psychotherapeutischer Perspektive ist hervorzuheben, dass Kohut bereits um die Bedeutung des Individuellen wusste. Ein und dieselbe Musik kann ganz unterschiedlich auf unterschiedliche Menschen wirken. Bei Kohut finden sich zudem Hinweise auf die Potenziale von Musik und musikalischer Aktivität im Sinne einer alltagsbezogenen Anwendung zur psychohygienischen Selbstfürsorge.

Wilhelm Reich (1989) hebt in seiner Charakteranalyse die Wortlosigkeit der Musik als einen allertiefsten, nicht in Worte zu fassenden Gefühlsausdruck hervor. Mittels Sprache gelingt es zwar, einen Emotionszustand unmittelbar wiederzugeben, an den Zustand selbst kommt diese, laut Reich, jedoch nicht heran. Für Reich ist Musik eine Ressource mit der und über die der Zugang zu Emotionen und Lebendigem jenseits der Sprachgrenze möglich wird.

Viktor Frankl, Begründer der Logotherapie und Existenzanalyse, der Dritten Wiener Richtung der Psychotherapie oder auch sinnorientierten Psychotherapie, war der Musik sehr zugetan. Er komponierte u. a. einen Tango („Dass ich immer an dich denken muss"; aktuelle Aufführungen dieses Werkes können bei YouTube gefunden werden) oder imaginierte bei Vorträgen gemeinsam mit dem Publikum Konzertbesuche, um die sinnstiftenden Potenziale von Musik erlebbar zu machen.

Für Frankl ist der Wille zum Sinn primäre Motivation im Leben des Menschen. Er skizzierte drei Wege der Sinnverwirklichung, nämlich über die schöpferischen Werte, die Erlebniswerte und die Einstellungswerte.

Mehrfach finden sich in den Texten Frankls Hinweise auf die Bedeutung von Musik als Ressource im Kontext der Sinnverwirklichung über die drei Wertekategorien (siehe z. B. Frankl, 2011). Im musikalischen Tun – beim aktiven Musizieren und Singen, beim Komponieren eines Musikstückes – kann Sinn über die schöpferischen Werte realisiert werden.

Eine Sinnverwirklichung über die Erlebniswerte kann durch ein Rezipieren von Musik, ein Hin- und Zuhören, eine lauschende Hingabe des Menschen an Klang und Stille gelingen. Die Einstellungswerte rücken dann in den Mittelpunkt, wenn es einem Menschen aufgrund unwiderruflichen Leids oder tiefgreifender Schicksalsschläge nicht mehr möglich ist, Sinn über die schöpferischen oder Erlebniswerte zu realisieren.

An dieser Stelle, so Frankl, ist die Einstellung, die Haltung, mit der besagter Mensch sein Leid und Leiden auf sich nimmt, entscheidend für eine Sinnstiftung. Auch in solchen krisen- und schicksalshaften Umständen kann ein Mensch seinem Leben noch einen Sinn abringen.

In diesem Zusammenhang bietet sich Musik als Ressource an – konkret als rahmendes und haltendes Phänomen in therapeutischen Prozessen, als potenzieller Raum für kunstgestütztes therapeutisches Probehandeln, als Impulsgeberin für und Wegbegleiterin beim Entdecken neuer und hilfreicher Einstellungen, als therapeutisch wirksame Atmosphäre.

2. Musik als Ressource im Rahmen psychotherapeutischer Behandlung

Im vorigen Abschnitt konnte gezeigt werden, dass Pioniere der modernen Psychotherapie in Musik und musikalischer Aktivität vielseitige Wirkungen und Potenziale erkennen. So ist es über Musik möglich, archetypisches, bewusstes und unbewusstes Material der menschlichen Seele zu erreichen. Musik ist hilfreiches Medium, das zwischen Unbewusstem und Bewusstem vermitteln kann. Über und mit Musik eröffnen sich Zugänge zu allen drei Instanzen der menschlichen Psyche (Es, Ich, Über-Ich) sowie vermittelnde Spielräume zwischen diesen drei Instanzen.

Im musikalischen Tun wird der Mensch nicht nur in seiner physischen und psychischen Dimension angesprochen, sondern auch in seinem geistigen/noetischen Dasein. Die geistige Dimension ist nach Frankl die eigentlich menschliche und diejenige, die nicht kranken kann, die unter allen Umständen gesund ist und bleibt und die gegenüber biologischen, psychologischen und soziologischen Bedingtheiten stets frei bleibt.

Musik und musikalische Aktivität im Kontext psychotherapeutischer Behandlung können es dem Menschen ermöglichen, sich in seinem geistigen, seinem eigentlichen Mensch-Sein zu zeigen. Das schöpferisch-kreative Handeln macht die Potenziale dieser transmorbiden Dimension menschlichen Seins für Patient:innen erfahr- und erlebbar. Vor allem aber können über Musik und musikalische Aktivität die Ressourcen und Potenziale der geistigen Dimension bzw. Person als therapeutisch wirksame „Verbündete" mobilisiert werden.

In einer Psychotherapie, die Musik als Ressource miteinbezieht, erweitert sich die therapeutische Beziehung um ein Drittes. Die dyadische Struktur zwischen Patient:in und Psychotherapeut:in wird zu einer triadischen: Patient:in – Psychotherapeut:in – Musik.

Dies ist so zu verstehen, dass Musik aktives Drittes oder auch Co-Therapeutin ist bzw. sein kann. Dieses Dritte ist vielgestaltiges/vielseitiges Element der therapeutischen Beziehung: In seiner materiellen Gestalt kann es z. B. Musikinstrument sein. Als nichtgreifbares, immaterielles Phänomen zeigt es sich in Form von ertönenden Klängen einer Musik oder auch als Stille zwischen den Tönen beim aktiven Musizieren. Es taucht als Bestandteil von Narrativen auf und ist genauso präsent in Imaginationen, inneren (Hör-)Bildern usw. Musik ist somit eine höchst vielseitige Partizipierende mit ebenso vielseitigen Ressourcen für und im triadischen Gefüge einer therapeutischen Beziehung.

Häufig wird hervorgehoben, dass es mit Musik gelingt, (unbewusste) Seelenschichten zu erreichen, die mithilfe der Sprache nicht zu erreichen wären. Oder anders gesagt: Über künstlerische Ausdruckformen, wie z. B. aktives Musizieren am Instrument, lässt sich manches mitteilen, was auf verbal-sprachlicher Ebene nicht gelänge. Das kann daran liegen, dass nicht die richtigen Worte gefunden werden können, das Belastende sich aufgrund seiner Schwere schlicht und einfach dem Sprachlichen entzieht, sich im wahrsten Sinne des Wortes eine Sprachohnmacht breitgemacht hat oder aber die „Inhalte" im Unbewussten verortet sind und (noch) nicht ins Bewusstsein gelangen können/dürfen.

Nun können musikgestützte Ansätze in der Psychotherapie hilfreich sein, um Ausdruck von schwer oder nicht Sagbarem zu ermöglichen. Entscheidend ist in dieser Hinsicht allerdings, Musik nicht als bessere Sprache hochzustilisieren, als der Sprache überlegenes Ausdrucksmedium zu deklarieren, sondern als alternative Form des Ausdrucks anzusehen und wertzuschätzen.

Sprache und Musik sind zwei verschiedene Formen und Möglichkeiten des Ausdrucks mit je eigenen Potenzialen, aber auch Grenzen. So können sowohl Sprache wie auch Musik missverstanden werden oder missbräuchlichen Absichten (Musik als Waffe oder zur Folter bei z. B. Gefängnisinsassen) unterliegen. Gleichwohl können sich beide Formen wechselseitig bedingen, kann Musik in einer Psychotherapie beispielsweise Sprachanbahnung unterstützen, Spracherwerb befördern und Sprachbarrieren überwinden helfen (siehe interkulturelle Psychotherapie).

3. Fallbeispiel

Herr M. ist ca. 60 Jahre alt. Er leidet an einer neurodegenerativen Erkrankung mit chronischem Verlauf. Typische Symptome machen sich auf der körperlichen Ebene bemerkbar (z. B. Tremor, Bradykinese, Freezing). Herr M. wurde aufgrund der Erkrankung frühzeitig berentet. Er ist bemüht, seinen Lebensalltag so aktiv wie möglich zu gestalten, soziale Kontakte aufrechtzuerhalten und zu pflegen und Sport zu treiben. Die medikamentöse Behandlung hilft, das Fortschreiten der Erkrankung zu verzögern sowie Frequenz und Schweregrad der auftretenden Symptomatik positiv zu beeinflussen.

Trotz seiner grundsätzlich optimistischen Einstellung belastet die Erkrankung Herrn M. sehr. Für ihn und seine Familie war die Diagnose ein schwerer Schicksalsschlag mit krisenhaften Folgen für das gesamte System.

Foto: Adobe Stock 562416363

Psychisch drückt sich dies in Form einer depressiven Störung aus. Herr M. entscheidet sich auf ärztliches Anraten hin für eine Psychotherapie. Im Verlauf dieser berichtet er, dass er seit einiger Zeit an einer Trommelgruppe teilnehme. Das gemeinsame Trommeln mit anderen täte ihm emotional gut, und er habe den Eindruck, es wirke sich auch auf die motorischen Symptome seiner Erkrankung aus. So findet die Musik als eine aus und im Alltag bereits präsente Ressource Eingang in die psychotherapeutischen Sitzungen. Der Schock über die Erkrankung sitzt nach wie vor tief. Es ist schwer, Worte zu finden, vor allem, Worte, die das innere Erleben, die „stürmischen Zeiten", die die Seele durchmacht, beschreiben.

In einer Einheit schlägt Herr M. recht spontan vor, die im Raum befindlichen Instrumente einzubeziehen – im Speziellen: die Djemben (Trommeln). Nach einer kurzen hypnosystemischen Induktion – im Sinne einer Konversationstrance – gestalten Patient und Psychotherapeut ein dialogisches Partnerspiel an zwei Djemben.

Anfänglich gleicht das Trommelspiel einem vorsichtigen musikalischen Annäherungsprozess. Die Töne wandern hin und her. Das Spiel wird dichter, Dynamik und Spannung erhöhen sich – plötzlich droht alles zu „brechen". Jeder Trommelschlag wird zur psychischen und physischen Belastungsprobe, zu einem Kraftakt. Klang und Ton – eine einzige filigrane, zerbrechliche Gestalt. Lange Pausen. Dürre, keine Kraft, Ende … Eine bedrückende Stille legt sich über den Raum.

Und dann gebärt sich, wie aus dem Nichts heraus, eine allen Widerständen trotzende, so klare, lebhafte Musik. Getragen von regelmäßigen Trommelschlägen, die wie die Schläge eines starken Herzens wirken, das leben will. Als die letzten Töne erklingen ist dies kein Ende – ganz im Gegenteil, es ist ein musikalisch eingeläuteter Aufbruch und Durchbruch in etwas Neues. Patient und Therapeut verbringen die erste Zeit nach der Musik in Stille, halten gemeinsam aus. Herr M. laufen Tränen über die Wangen, als die ersten Worte hervorbrechen: „Das war wie eine Wüste. Alles war trocken, ausgedorrt, tot. So fühle ich mich manchmal, wenn mich meine Krankheit übermannt. Ich weiß dann nicht mehr weiter … Es ist kaum auszuhalten. Wenn ich dann noch an meine

Frau und meine Töchter denke, wie schlimm das für sie sein muss, dann bringt mich das um. Genauso hat das jetzt eben geklungen. Wie eine Wüste, ohne Leben. Und plötzlich habe ich gemerkt, dass das nicht stimmt. Auch in der Wüste gibt es Leben. Man sieht es vielleicht nicht auf den ersten Blick. Aber die Lebewesen und Tiere in der Wüste sind schlau und stark – und widerstandsfähig. Sie haben sich an die Bedingungen angepasst. Dieses Bild hat mir in der Musik plötzlich so viel Kraft gegeben."

Der geschilderte psychotherapeutische Prozess ähnelt einer trommelnden Freilegung von in tiefsten Schichten der Seele schlummernden Potenzialen (siehe Anmerkungen zu Jung in Abschnitt 1). Das, was unbewusst war, jenseits des Sagbaren (siehe Anm. zu Reich in Abschnitt 1), hat sich über die Musik einen Weg ins Bewusstsein gebahnt und Ausdruck verschafft. Oder anders formuliert: Über das gemeinsame Musizieren ist es gelungen, eine höchst wirksame Ressource in der geistigen Dimension zu mobilisieren, nämlich die Trotzmacht des Geistes (siehe Anm. zu Frankl in Abschnitt 1). Diese ist nicht bereit, den erlittenen Schicksalsschlag einfach so hinzunehmen. Der neu gewonnene Verbündete scheint ungeahnte, das Ich stärkende Kräfte freizusetzen (siehe Anm. zu Kohut in Abschnitt 1), die eine Hinwendung zum Leben, eine Bejahung des Lebendigen fordern und fördern.

4. Schlusswort

Die Einbindung von Musik im Kontext psychotherapeutischer Behandlung setzt idealerweise spezifische Fachkenntnisse (ggf. auch eine entsprechende Zusatzqualifikation) voraus. Ob und auf welche Art und Weise Musik Anwendung in einer Psychotherapie findet, muss von verschiedensten Faktoren abhängig gemacht werden. Dazu gehören u. a. die Beachtung von störungsspezifischen Aspekten, der individuellen Bedürfnisse und Hintergründe der Patient:innen und der etwaigen Kontraindikationen (z. B. bei musikogener Epilepsie).

Grundsätzlich sollen die abschließenden Worte jedoch Zuspruch leisten, ein Plädoyer für die Einbindung von Musik in der Psychotherapie darstellen. Denn Musik kann aktives Drittes oder auch Co-Therapeutin in einer zur Trias erweiterten therapeutischen Beziehung im Rahmen einer psychotherapeutischen Behandlung sein. Eine Psychotherapie, die Musik und musikgestützte Ansätze mitberücksichtigt, weiß um die kreativ-schöpferischen Potenziale ebendieser. Eine solche Psychotherapie sieht in Musik eine therapeutisch wirksame Ressource im Kontext professioneller Behandlung von Patient:innen.

Literatur

Frankl, V. E. (2011). *Ärztliche Seelsorge. Grundlagen der Logotherapie und Existenzanalyse. Und Vorarbeiten zu einer sinnorientierten Psychotherapie* (Gesammelte Werke, Band 4). Böhlau Verlag.

Kohut, H. (1957). Observations on the psychological functions of music. *Journal of the American Psychoanalytic Association,* 5(3), 389–407. https://doi.org/10.1177/000306515700500301

Reich, W. (1989). *Charakteranalyse.* Kiepenheuer & Witsch.

Tilly, M. (1986). *Musiktherapie.* In R. Hinshaw & L. Fischli (Hrsg.), C. G. Jung im Gespräch: Interviews, Reden, Begegnungen (S. 87–89). Daimon-Verlag.

Eric Pfeifer
Prof. Dr. habil., Professor für Ästhetik und Kommunikation – Schwerpunkt Musik als Medium an der Katholischen Hochschule Freiburg, Privatpraxis für Psychotherapie, Musiktherapie und Beratung. www.eric-pfeifer.de; eric.pfeifer@kh-freiburg.de

Was sind Ressourcen? (4)

ChatGPT meint zum Thema:
**Musik und Musiktherapie
(März 2023):**

Musik kann eine breite Palette an Auswirkungen auf uns Menschen haben, sowohl auf emotionaler als auch auf körperlicher und kognitiver Ebene. Hier sind einige Beispiele:

Emotionale Wirkung: Musik kann starke emotionale Reaktionen auslösen, wie Freude, Trauer, Angst, Euphorie und Entspannung. Diese Wirkung hängt von verschiedenen Faktoren ab, wie der Musikrichtung, der Melodie, dem Rhythmus und dem Text.

Körperliche Wirkung: Musik kann auch unsere Körper beeinflussen, indem sie unseren Herzschlag, unseren Blutdruck und unsere Atmung beeinflusst. Einige Studien haben gezeigt, dass Musiktherapie bei der Behandlung von körperlichen Erkrankungen wie Schmerzen, Parkinson und Schlaganfall helfen kann.

Kognitive Wirkung: Musik kann auch unsere kognitiven Fähigkeiten beeinflussen, wie die Konzentration, die Gedächtnisleistung und die Kreativität. Einige Forscher glauben sogar, dass Musik das Gehirn stimulieren kann, um neue neuronale Verbindungen zu schaffen.

Soziale Wirkung: Musik kann auch eine wichtige Rolle in sozialen Situationen spielen, indem sie uns helfen kann, unsere Identität und Zugehörigkeit zu einer Gruppe auszudrücken und gemeinsame Erfahrungen zu teilen.

Musiktherapie kann bei verschiedenen seelischen Störungen und Belastungen eine positive Wirkung haben. Hier sind einige Beispiele:

Depressionen: Musiktherapie kann helfen, depressive Symptome wie Traurigkeit, Hoffnungslosigkeit und Antriebslosigkeit zu lindern. Durch das Musizieren oder Hören von Musik kann der Patient positive Emotionen erleben und sich emotional wiederbelebt fühlen.

Angststörungen: Musiktherapie kann auch helfen, Symptome von Angststörungen wie Angstzustände, Herzrasen und Muskelverspannungen zu reduzieren. Durch das Hören von entspannender Musik oder das Spielen von Instrumenten kann der Patient lernen, sich zu entspannen und Stress abzubauen.

Posttraumatische Belastungsstörungen (PTBS): Musiktherapie kann auch bei der Behandlung von PTBS-Symptomen wie Alpträumen, Flashbacks und emotionaler Überreaktion helfen. Durch das Musizieren oder Hören von Musik können traumatische Erinnerungen verarbeitet und die Symptome reduziert werden.

Suchterkrankungen: Musiktherapie kann auch bei der Behandlung von Suchterkrankungen wie Alkohol- oder Drogenabhängigkeit eingesetzt werden. Durch das Musizieren oder Hören von Musik können positive Emotionen und Selbstbewusstsein gefördert werden, was dazu beitragen kann, den Wunsch nach Drogen oder Alkohol zu reduzieren.

Die Kraft des Schöpferischen im Malen

Astrid Müller

Der Dialog mit dem Unbewussten
Äußere gestalterische, schöpferische Prozesse implizieren die Möglichkeit, dass im Inneren des Menschen Heilendes, Schöpferisches, Veränderndes geschieht. Dieser Aussage will ich auf die Spur gehen, sie beleuchten und meine eigenen Erfahrungen dazu erzählen.

Ich beziehe mich dabei auf die therapeutische Arbeit mit Kindern und Jugendlichen, wie das Schöpferische, die kreative Kraft im Patienten, insbesondere durch das Malen und der damit verbundenen wachsenden Fähigkeit zur Selbstgestaltung, helfen kann, aus dem Dunkel scheinbarer Aussichtslosigkeit herauszuführen.

Wir Menschen erleben Veränderungsprozesse häufig als kritische Lebensereignisse, deren Bewältigung die persönliche Entwicklung voranbringen, die die Entwicklung aber auch erschweren können, die Freude und Neugier auf das Neue ebenso hervorbringen können wie Verunsicherung oder Angst. Es sind Lebensphasen, die von hohen Anforderungen, Veränderungen der Lebenswelten und einer Änderung der Identität geprägt sind und mit einer Häufung von Belastungsfaktoren einhergehen. Die Anpassung an die neue Situation muss geleistet und bewältigt werden, nicht selten in sehr kurzer Zeit. Menschen, die in jungen Jahren durch eine sichere Bindung eine hohe Resilienz ausgebildet haben, können meist problemlos auf gewachsene Ressourcen zurückgreifen und durch Krisen gut durchgehen und sie bestehen.

Kreativität kann die Lebensgestaltung und Lebensbewältigung wesentlich mitbestimmen. Wir können von einem kreativen Potenzial sprechen, das in jedem von uns vorhanden ist und aktiviert werden kann. Es ist eine wichtige Ressource, auf die ein Patient zurückgreifen kann. Kreativität, so C. G. Jung, wird als Kraft angesehen, welche das Individuum zu seiner Entfaltung treibt. Das Ziel ist also die Entwicklung der Persönlichkeit, das heißt, die Entwicklung von Selbstsicherheit, Selbstbestimmung und aktivem Teilnehmen am Leben. Es eröffnet sich die Möglichkeit, die Erfahrung von kreativ-schöpferischen Prozessen auf andere Lebensbereiche zu übertragen.

Bilder als Sprache der Seele
Malen und Gestalten ist so eine Möglichkeit in der therapeutischen Arbeit, sich diesen Themen und deren Bewältigung zu nähern. Es geht darum, dem Unbewussten zu erlauben zu sprechen, seinen Botschaften ungeteilte Aufmerksamkeit zuzuwenden, damit Bewusstes und Unbewusstes in Dialog treten können und die Psyche ihre Fähigkeit zur Selbstregulation entfalten kann.

Beim Malen aus dem Unbewussten sehen wir von allen äußeren Zielsetzungen ab. Es wird nicht das „Richtige" angestrebt, nicht die technische Perfektion, nicht das Künstlerisch-Ästhetische. Es geht um den eigenen Ausdruck – das Hervorbringen der Bilder, die jeder Mensch in sich trägt. Improvisation und eine gewisse Unvoreingenommenheit oder auch Naivität, einmal etwas „ins Blaue hinein" zu versuchen, ohne dabei eine Zielvorstellung zu haben, zeigen oft mögliche Lösungen, nicht selten das Unerwartete.

Die Elemente der schöpferischen Haltung beim Malen aus dem Unbewussten sind also: Unvoreingenommenheit dem eigenen Tun gegenüber, Offenheit, intensive Hinwendung zum Tun, Sammlung, Bereitschaft, sich mit den Gegebenheiten und Grenzen des vorhandenen Materials auseinanderzusetzen und zu begnügen, Vertiefung in ein sich entwickelndes Thema, Durchhalten der Ausgestaltung, selbstvergessenes, spielerisches Vorgehen, Durchhaltevermögen in kritischen Momenten.

Emotionen zu erleben, zu differenzieren, zu regulieren und immer bewusster wahrnehmen zu können, ist das zentrale Anliegen im therapeutischen Prozess, was sehr gut über das kreative, schöpferische Gestalten gelingen kann. Entscheidend ist, dass sich der Patient nicht nur den Fantasien, dem Träumen, Assoziieren oder Empfinden hingibt, sondern dass die dabei auftretenden Inhalte ins Bewusstsein gelangen.

C. G. Jung hat immer wieder betont, wie wichtig ein solches Ausformen und Sichtbarmachen der Bildkräfte ist. Sie beziehen sich auf Inhalte aus dem Unbewussten, die durch den Gestaltungsprozess wahrnehmbare Realität werden. Wendet sich der Therapeut dem gemalten Bild und damit dem ins Bewusstsein gebrachten Unbewussten des Patienten zu, entsteht eine Verbindung zu dessen Wirklichkeit.

Ein Mensch, der kreativ ist, bewegt sich in beide Richtungen: nach innen und nach außen. Ein schöpferischer Mensch bringt etwas zur Welt – das heißt, er inspiriert psychisches Wachstum, das dann wiederum zu schöpferischem Ausdruck führt. Kreativität hat also mit Leben zu tun, mit Bewegung, mit Wandlung.

Die Heilkraft des Malens – Kontakt mit einer uralten Ressource, die jedem Menschen innewohnt

Schon unsere Vorfahren kannten die Kraft, die im schöpferischen Gestalten liegt. Uralte Höhlenmalereien zeugen davon. Symbole tauchen auf in Gestalt von Krafttieren, Pflanzen, dargestellten Situationen – lassen ahnen, was die Menschen damals bewegte. Symbole werden zum Projektionsträger für unbewusste seelische Inhalte.

Unterschiedliche religiöse Kulturen und spirituelle Gemeinschaften finden Kontakt zum Unbewussten über innere bildhafte Seelenreisen. Ausdruck des Schöpferischen in Tanz, Malerei und Gestaltung macht den Menschen zum Menschen und wird zur wichtigen Ressource für den Einzelnen und die Gemeinschaft. Nun können Emotionen auch im Bild dargestellt werden und erhalten ihre Bedeutung.

Heute ist der bildnerische Ausdruck sowohl eine wichtige Möglichkeit zur Bewusstwerdung seelischer Schwierigkeiten als auch zur Heilung und Überwindung von Traumata und Konflikten. Es transformieren sich über das Malen negative Erfahrungen, Komplexe und Konflikte. „Maltherapeutisches und kreatives Arbeiten sind Ich-stabilisierende u. -spie-

gelnde Methoden. Kreative Tätigkeiten helfen dem Menschen, Selbstheilungskräfte zu mobilisieren, sie helfen, eine schützende Distanz zum bedrängenden Geschehen herzustellen und Lösungsansätze zu entwickeln." (Nuber, 1995)

Im Unbewussten als der Keimstätte der Kreativität sammeln sich die Erinnerungsspuren von Erlebtem, das nicht ins Bewusstsein vorgedrungen ist. Malen eröffnet Zugänge zu den persönlichen Bildern des Unbewussten, zu all dem, was sich im Seelenraum des Menschen an unbewältigtem Konfliktstoff gesammelt hat, was zunächst zum Schutz verdrängt, unterdrückt, oder abgewehrt werden musste und sich jetzt Verbindungen aus der Tiefe des „Sees des Unbewussten" sucht, um an die Oberfläche zu kommen und sich auf die eine oder andere Weise bemerkbar zu machen.

Wenn Bilder aus dem Unbewussten auftauchen, bringen sie unendlich viele seelische Informationen mit, es ist die Verbindung zur „Schattenseite", zum Ungelebten der Seele. Diese „intrapsychischen" Mitteilungen legen das Unbewusste und die damit verbundene Energie offen. Es ist gut, wenn sie ins Gegenüber treten und sich so Ausdruck verschaffen können. Das Malen hat eine kathartische Wirkung, das bedeutet, dass das dargestellte Symbol innere psychische Energie in Bewegung bringt und so ein Heilungsprozess angeregt werden kann.

Wenn wir die Bilder betrachten, verstehen und interpretieren wollen, ist es unabdingbar, sich der seelischen Energie, die das Bild in Form der auftauchenden Symbole „transportiert", auszusetzen und sie ernst zu nehmen.

Die Mitteilungen des gemalten Bildes legen das Unbewusste und seine Energie offen

Gemalte Bilder sind wie Seelenfenster, sie öffnen den Blick für die innere Verfassung des Zeichners, sie bringen seine Gefühle und Gedanken, seine Ängste und Hoffnungen ans Licht. Was wir durch eine solche Öffnung hindurch erkennen, was sich dort zeigt, ist jedoch immer nur ein Ausschnitt des Ganzen, ein Teilaspekt der Wirklichkeit, wie sie sich in den Augen des Menschen darstellt.

Ob wir seine Absichten treffend wahrzunehmen imstande sind, hängt von der Bereitschaft ab, sich immer wieder neu in jede einzelne Darstellung einzufühlen. Eine behutsame, respektvolle Annäherung an die festgehaltenen Bildinhalte erfordert Intuition, Zeit und den sicheren „therapeutischen" Ort. Manchmal ist nur eine Ahnung, eine Vermutung möglich, noch kein Wissen.

Gemalte Bilder im Behandlungsprozess schärfen oft den Blick für das Wesentliche, für das, was sich hinter der Fassade von z. B. erzwungener Anpassung oder scheinbarer Normalität oder überschießender Wut, Angst und Verzweiflung verbirgt.

Das gemalte Bild wirkt aus sich selbst heraus, auch wenn es nicht besprochen wird. Selbstheilungskräfte setzen sich durch und bringen den Individuationsprozess in Bewegung. Das Gespräch über das Bild birgt eine große Chance in sich, eben genau diese Selbstheilungskräfte und Ressourcen des Patienten zu aktivieren und zu mobilisieren.

Assoziierend und amplifizierend kann das Bild betrachtet werden. Durch das Malen aus sich heraus entsteht etwas „Drittes", das nun dem Malenden ins Gegenüber „rutscht" und so wie ein Spiegel wirkt oder wie eine Botschaft oder wie ein sich öffnender Brief, der nun gelesen werden kann. Das Gespräch vermag das gemalte Bild in den Kontext der Lebensgeschichte, der inneren und äußeren Realität des Malenden sowie in den Kontext der therapeutischen Beziehung einzubringen.

Dabei spielen die dargestellten Symbole im Bild eine große Rolle. Der Zugang zum gemalten Bild erfolgt über bedeutungserschließende Ebenen. Das Symbol selbst eröffnet den Zugang, und dann das erwähnte vertiefende Gespräch über den Inhalt der Darstellungen und schließlich der Vergleich der Bildbotschaften mit aktuellen Situationen und Verhaltensmustern des Patienten. Das Verbalisieren im Gespräch kann zur Bewusstwerdung der jeweils dargestellten Emotion, des Problems, des Komplexes verhelfen, dadurch, dass es benannt wird. So leuchtet die Bedeutung auf, die entsprechende Zugehörigkeit zu einem Komplex oder auch zu einem konstellierenden Archetyp. Durch die Auseinandersetzung des Ich mit den auftauchenden Symbolen werden diese bewusst.

Farben und Formen im gemalten Bild sind wichtig, auch was der Patient dazu empfindet, welche Gefühle für ihn damit verbunden sind. Es geht immer um das Wesentliche, um die Kernaussage des Bildes, weniger um die Deutung jedes einzelnen Striches. Wichtig ist das empathische, verstehende Gespräch mit dem Patienten über sein gemaltes Bild. Ingrid Riedel (2004) sagt dazu:

Das empathische Gespräch nimmt auf, bezieht ein, sucht die Sprache zu finden, die das im Bild sichtbar Gemachte auch bildhaft nachgestaltet, behutsam und wortgetreu die Elemente des Bildes in Elemente des Seelischen übersetzt und nicht auf die Metaebene des Psychologisierens abgleitet. Vor allem sucht es den Gestalter – der vielleicht keine rechte Sprache für seine Emotion hat – selbst zu motivieren, eine Sprache für sein Bild zu finden.

Neben der Deutung, die die Konflikte des Patienten hervorhebt, ist es auch wichtig, Ressourcen, Selbstheilungsanteile, Zielvorstellungen und Lösungsansätze zu benennen, die dem Patienten helfen können, sich umzuorientieren vom Schaden weg zu den inneren Möglichkeiten. Wie bei der Traumdeutung auch, lassen sich die im Bild vorkommenden Gestalten und Symbole zunächst auf der Objektstufe, also interpersonal, als im Leben des Gestalters existierende Personen und Gegenstände wiedererkennen und interpretieren, wie in einer Widerspiegelung. Ebenso können Gestalten und Symbole auf der Subjektstufe, also intrapsychisch, als innere Anteile der Person des Gestalters erkannt sowie archetypisch gedeutet werden.

Zwei Beispiele aus Behandlungsprozessen
Das gestaltete Bild enthält eine Widerspiegelung der therapeutischen Beziehung und ist sogleich Botschaft des Patienten an die Therapeutin. Es ist ein Geschenk, das den therapeutischen Prozess selbst widerspiegelt und sich als ein schöpferisches Produkt dieses Prozesses der Therapeutin darbietet, das gerade nicht die Beziehung außerhalb und über den therapeutischen Prozess hinaus sucht, sondern eines, das den therapeutischen Prozess selbst widerspiegelt und sich als ein kreativ-schöpferisches Produkt dieses Prozesses

Patientin, 5 Jahre. Aus dem Archiv der Autorin

dem Therapeuten zeigt. Das Heilende ist hier nicht einfach die Beziehung, sondern die dieser Beziehung entsprungene Botschaft aus dem Unbewussten des Patienten, welche von diesem sichtbar gemacht und zum Bild gestaltet wird.

Das erste Bild stammt von einer Patientin, fünf Jahre alt, mit sozialen Ängste. Sie hat den Tod eines Elternteils erlebt und es zeigen sich Störungen in der Ich-Entwicklung. Delphin, Seepferdchen, Wal, Schildkröte und Fisch „Nemo" helfen, das Unbewusste der Patientin (rechts im See/Meer) zu erforschen und stärker ins Bewusstsein zu bringen. Hier findet eine unbewusste Übertragung auf den Heiler-Archetyp statt.

Das bildnerische Gestalten wirkt aus sich selbst. Jedoch das Gespräch über das Bild und der Zusammenhang zur Lebensgeschichte des Patienten bringen die innere und äußere Realität des Malenden zusammen.

Das zweite Bild wurde von einer fünfzehnjährigen Patientin mit depressive Episoden, psychosomatischen Reaktionen und Suizidalität gemalt. Im Herz befinden sich alle heilenden Symbole: Herz/Liebe, Familie/Haus/Schutz, Feuerenergie, Kreuzsymbol/Christus, Vogel/Freiheit. Um den schützenden Herzort herum ist es dunkel und bedrohlich.

Im Gespräch ist es hilfreich, nicht nur den offenkundigen Inhalt, sondern gerade auch die Farben und Formen zu beobachten und ihre Komposition und Bewegungsrichtung. So stößt man rasch zum Wesentlichen des Bildes vor.

Archetypen und Komplexe werden oft in Ansätzen sichtbar. Unbewusstes wird ins Bewusstsein gehoben. Der dargestellte Prozess ist dabei selbst Ausdruck der „transzendenten Funktion" der Psyche, wie Jung deren „symbolschaffende Funktion", die etwas aus dem Unbewussten in das Bewusstsein hinübertransportiert, nennt.

Der Gestaltungsvorgang ist ein kreativer, sich verändernder Prozess. Zuerst entsteht eine keimhafte Bildidee, und daraus erwächst durch die weitere Gestaltung und durch Experimentieren das eigentliche Bild oder eine Bilderfolge, die schließlich zu einer „Lösung" hin tendiert. Auf diesem Weg setzt sich der Patient mit dem Malmaterial auseinander, mit Farben und Formen. Ein Integrationsvorgang beginnt, der in sich heilende Aspekte enthält.

So kann abschließend gesagt werden: Malen aus dem Unbewussten wirkt in zweifacher Hinsicht: Zum einen öffnet und ebnet es den Zugang zu inneren Ressourcen, etwa zu verdrängten, abgespaltenen Ich-Anteilen, die nun integriert werden können. Zum anderen ist es als Methode selbst eine Ressource, die dem Menschen zur Verfügung steht, einen inneren Heilungsprozess zu beschreiten.

Patientin 15 Jahre. Aus dem Archiv der Autorin

Literatur

Nuber, U. (1995). *Der Mythos vom frühen Trauma. Über Macht und Einfluss der Kindheit.* Fischer

Riedel, I.; Henzler, C. (2004). *Maltherapie. Eine Einführung auf der Basis der Analytischen Psychologie von C. G. Jung.* Kreuz-Verlag.

Astrid Müller
Analytische Kinder- u. Jugendlichenpsychotherapeutin, Dozentin am C. G. Jung-Institut Stuttgart und Zürich, Weiterbildung in Analytischer Maltherapie bei Prof. Dr. Dr. Ingrid Riedel und Dipl. Psych. Christa Henzler; Dozentin an der Fachschule für Sozialpädagogik in Reutlingen.

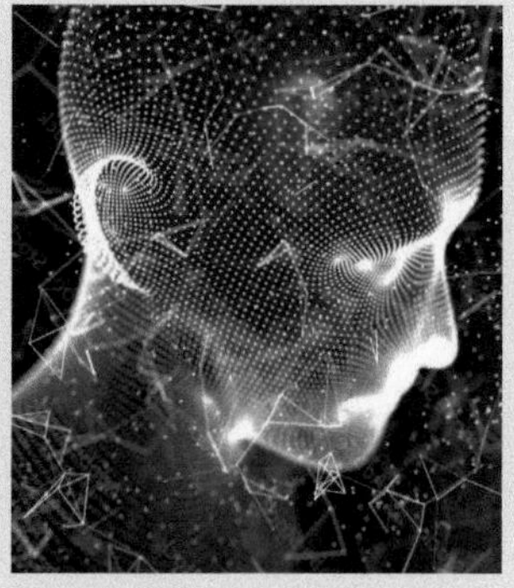

Was sind Ressourcen? (5)

ChatGPT meint zum „Inneren Kind"
(März 2023):

Das Konzept des „inneren Kindes" in der Psychologie bezieht sich auf die Vorstellung, dass jeder Mensch eine innere, symbolische Darstellung seines kindlichen Selbst hat, die in uns weiterlebt, auch wenn wir erwachsen sind. Es geht dabei um Erfahrungen, die wir in unserer Kindheit gemacht haben und die unser Verhalten und unsere Gedanken auch im Erwachsenenalter beeinflussen.

Das innere Kind kann positive und negative Eigenschaften und Erlebnisse repräsentieren. Wenn wir als Kind positive Erfahrungen gemacht haben, wie Liebe, Unterstützung und Bestätigung, kann unser inneres Kind uns als Erwachsene dazu ermutigen, selbstbewusst und erfolgreich zu sein. Wenn wir jedoch negative Erfahrungen gemacht haben, wie Missbrauch, Vernachlässigung oder Ablehnung, kann unser inneres Kind uns als Erwachsene beeinträchtigen, indem es uns in ungesunde Verhaltensmuster oder in emotionalen Schmerz verstrickt.

Das Konzept des „inneren Kindes" ist vor allem in der Psychotherapie weit verbreitet. Durch die Arbeit mit dem inneren Kind können wir unsere vergangenen Erfahrungen besser verstehen und verarbeiten, um uns von negativen Verhaltensmustern zu befreien und ein erfüllteres Leben zu führen. Die Arbeit mit dem inneren Kind kann auch dazu beitragen, unser Selbstwertgefühl und unsere Beziehungen zu verbessern.

Unser „inneres Kind" hat eine Reihe von Eigenschaften, die je nach individuellen Erfahrungen und Persönlichkeit unterschiedlich ausgeprägt sein können. Hier sind einige allgemeine Eigenschaften, die dem „inneren Kind" zugeschrieben werden:

Emotionale Intensität: Das „innere Kind" ist sehr emotional und reagiert oft auf Erfahrungen mit starken Gefühlen wie Freude, Trauer, Angst oder Wut.

Spontaneität: Das „innere Kind" ist oft spontan und impulsiv, was es manchmal schwierig macht, rationale Entscheidungen zu treffen.

Kreativität: Das „innere Kind" hat eine natürliche Kreativität und Fantasie, die es uns als Erwachsene ermöglicht, neue Ideen und Lösungen zu finden.

Bedürfnis nach Spiel und Spaß: Das „innere Kind" sehnt sich oft nach Freude, Spielen und Abenteuer, was uns als Erwachsene daran erinnern kann, das Leben zu genießen und uns nicht zu ernst zu nehmen.

Bedürfnis nach Liebe und Geborgenheit: Das „innere Kind" hat ein tiefes Bedürfnis nach Liebe, Geborgenheit und Sicherheit, was uns als Erwachsene dazu motivieren kann, unsere emotionalen Bedürfnisse zu erfüllen und gesunde Beziehungen aufzubauen.

Verletzlichkeit: Das „innere Kind" kann auch sehr verletzlich sein und sich schnell bedroht oder unsicher fühlen.

Die Sprache der Hände in der Sandspieltherapie

Ignez Carvalho-Hartmann

> Oft wissen die Hände das Geheimnis zu enträtseln, an dem der Verstand sich vergebens mühte.
>
> C. G. Jung

1. Der Handabdruck: der erste bildnerische Ausdruck unserer Spezies

Der bildnerische Abdruck der Hand begleitet die menschliche Entwicklung seit ihrer frühesten Geschichte. Überall auf der Erde, in Europa, Asien, Afrika, Südamerika findet man in prähistorischen Felsen- und Höhlenmalereien Handabdrücke. Der Wunsch nach Selbstausdruck zeigt einen ersten Schritt der Selbstdarstellung, eine neue Bewusstseinsstufe und den Beginn symbolischen Denkens.

Der Ethnologe Richard Kuba meint, der Handabdruck sei eine Urform von Graffiti, eine bildnerische Aussage: „I was here" wie der zeitgenössische „Walk of fame" in Los Angeles. Er ist auch eine der ersten kindlichen bildnerischen Ausdrucksformen.

Die Hand ist der Körperteil, mit dem wir aktiv gestaltend mit unserer Welt in Beziehung treten, und die Hand ist es, mit deren Hilfe wir auf die Welt kommen. Bei der Geburt spielen die Hände eine entscheidende Rolle, da die mithelfende Frau das Neugeborene mit ihren Händen der Mutter zuführt. Das Wort Hebamme leitet sich aus dem Althochdeutschen ab: heb(i)ana, mittelhochdeutsch heb(e)amme von hevan, „heben", und ana, „Ahnin", und bezeichnet eigentlich die Großmutter des Neugeborenen. Die Hand ist mithin das Organ, das uns die aktive Beziehung zur Welt erlaubt, die aber auch erst das Überleben eines physiologisch unreifen Wesens, des menschlichen Neugeborenen, ermöglicht. Hände tragen uns ins Leben.

Das erste Lebenskapitel unserer Spezies nach der Geburt ist durch die Unreife der präfrontalen Hirnstrukturen gekennzeichnet, also den für die Kognition verantwortlichen Antei-len. Auch die motorischen Areale und der Hippocampus sind noch nicht gereift. Die Welt kann noch nicht so integriert werden, wie wir sie sehen.

Ludwig Janus (2018, S. 167) bezeichnet diese Phase der frühen Kindheit als einen mythischen Traum, in dem sich innere und äußere Eindrücke ständig vermischen, – das ist auch ein typisches Merkmal animistischer Gesellschaften. Die in dieser präverbalen Lebensphase gemachten Erfahrungen sind im impliziten Gedächtnis gespeichert und daher verbal nicht zugänglich. Sie sind aber als innere Bilder internalisiert und werden in späteren biografischen Phasen unbewusst reinszeniert.

Es liegt nahe, dass diese oft kollektiv gemachten internalisierten Erfahrungen Im Laufe der Evolution als Körpergedächtnis und die Veränderung unserer Hirnstruktur sich als Grundlage einer kollektiven Vorstellungskraft widerspiegeln, die zumindest zum Teil dem kollektiven Unbewussten C. G. Jungs entsprechen. Dies verdient eine fundierte Forschung.

Wir stellen uns daher die Frage, ob es einen Zusammenhang zwischen bestimmten archetypischen Bildern bei Mythen, Märchen, Literatur, Kunstwerk und den verinnerlichten archaische Inhalten unserer frühesten Biografie gibt. Aus der psychohistorischen Perspektive stehen diese verinnerlichten Erfahrungen an der Basis der kulturellen Evolution (Carvalho-Hartmann, 2022).

2. Hände und Aspekte der Phylo- und Ontogenese

A. Leroi-Gourhans (1988) beschreibt in seinem Buch *Hand und Wort* die Hände als eines der wichtigsten evolutionären Menschheitskriterien, weil der Handgebrauch wesentlich an der Entwicklung des menschlichen Gehirns, besonders des Sprachzentrums, beteiligt ist. Die Entwicklung des Greifens, des Umgangs mit Objekten und des Ausdrucks erfolgte im Zusammenspiel mit einer Entwicklung des Stammhirns. Die Genese des Menschen und die Geschichte seiner Werkzeuge greifen eng ineinander und bleiben unauflöslich verknüpft. Zwischen mentalen und materiellen Prozessen besteht ein innerer, wesentlicher Zusammenhang, der „Geist" bzw. seine Tätigkeit und die Werkzeuge bzw. die Techniken bilden komplementäre Seiten eines einzigen Funktionszusammenhangs. Beim Menschen dominiert die Hand nicht mehr als Mittel der Fortbewegung, sondern als Glied der Fertigung.

Das Zusammenspiel zwischen Hand und Gehirn hat den Menschen buchstäblich dazu befähigt, die Struktur der Welt zu verändern. Die Hand selbst wurde durch die Entwicklung des aufrechten Gangs, der das Gesichtsfeld vergrößert und den Oberkörper von den Zwängen der Fortbewegung befreit, noch nützlicher. Der menschliche Anpassungsstil erstreckt sich weiter vom Physischen zum Psychologischen und zum Phänomen des Bewusstseins.

W. Penfield (1891-1976) demonstriert, wie der Körper im zentralen Nervensystem durch den sensorischen Homunkulus repräsentiert ist. Die Struktur des Homunkulus mit überproportionierten Händen (vor allem Daumen), Augen und Zunge ist eine tiefgründige Repräsentation unserer Natur, wie sie sich in unseren Emotionen und unserem Verhalten ausdrückt.

Nicht nur phylogenetisch ist die Hand ein Identitätsmerkmal, sie weist auch den Einzelnen durch Fingerabdrücke, die Handlinien und durch typische Gesten unverwechselbar als Person aus.

3. Die Hand in der embryonalen Entwicklung

Der Tastsinn entwickelt sich beim Fötus im Mutterleib als erstes. Wir beginnen also zu empfinden, lange bevor wir auf die Welt kommen. Durch das Empfinden erhalten wir Informationen über unsere Umwelt und über uns selbst. Sechs Wochen nach der Befruchtung hat sich ein kleines Händchen mit deutlichen Ansätzen von Fingern gebildet. Das Gewebe zwischen den künftigen Fingern bildet sich zurück und stirbt ab – die Finger entstehen. Zwischen dem dritten und vierten Monat können die Hände schon greifen und die Füße treten (Piontelli, 2015).

Das Berühren und Sich-berühren-Lassen ist ein erstes menschliches Grundbedürfnis. Wie die neuesten bildgebenden Verfahren gezeigt haben, exploriert das ungeborene Kind ab der ersten uterinen Phase mit seinen winzigen Händen seine erste Heimat – die Uteruswand.

Seit den 80er Jahren wurde uns diese faszinierende und bisher unbekannte und unsichtbare Welt zugänglich. Embryo und Fötus sind mithin kein bloß vegetatives biologisches Produkt, wie Jahrzehnte lang gedacht wurde. Das frühe Erlebnis der bereits vorgeburtlichen Bindungserfahrungen bildet den allerersten präverbalen Dialog unserer menschlichen Biografie.

Die Hände als bereits vorgeburtliche Sinnesorgane bilden ein Kommunikationssystem zwischen Fötus und Mutter durch Streicheln und Halten in der Gebärmutter und das früheste Spielen mit der Nabelschnur wie Lecken und Greifen (Piontelli, 2015). In ihrem ersten Buch (1992, 2003) beschreibt Piontelli die Beobachtung von elf Föten (drei Singletons und vier Zwillingspaare) im Mutterleib mit Ultraschall und nachgeburtlich in der häuslichen Umgebung und ihre Entwicklung von der Geburt bis zum Alter von vier Jahren. Sie bestätigte, was viele Eltern schon immer dachten: Jeder Fötus ist wie jedes Neugeborene ein höchst individuelles Wesen.

Aufgrund ihrer Erfahrungen als Kinderpsychotherapeutin und Psychoanalytikerin sowie ihrer Beobachtungsforschung war sie in der Lage, Fragen der Individualität, der psychischen Geburt und des Einflusses mütterlicher Emotionen während der Schwangerschaft zu untersuchen. Ihre Ergebnisse zeigen deutlich, wie psychoanalytische Theorien durch die Beobachtungsdaten über die bemerkenswerten verhaltensbezogenen und psychologischen Kontinuitäten zwischen pränatalem und postnatalem Leben verbessert, vertieft und unterstützt werden.

Heutzutage ist es bereits möglich, mittels 4-D-Ultraschall, d. h. in einem sich zeitlich verändernden dreidimensionalen Bild, die Synchronizität zwischen Mimik, den spielenden Händen, wie beim Daumenlutschen oder bei der Entdeckung der Nabelschnur, zu beobachten.

Dieses Szenario bildet die zarten Wurzeln eines beginnenden emotionalen Lebens. Der

Cueva de las Manos, Argentinien. Diese Höhlenmalereien sind zwischen 9.000 und 13.000 Jahre alt, ihre Bedeutung ist ungeklärt. Die Handabdrücke können aber als Zeiten überdauernde Identitätssymbole verstanden werden. (Fotograf: Pablo Gimenez)

Uranfang der Leibe-Seele Erfahrungen baut das Fundament unsere Erlebensmöglichkeiten auf, dle uns lebenslang begleiten.

Auch lässt sich das ungeborene Kind akustisch und taktil berühren und reagiert auf das Streicheln der Mutter oder der Bezugsperson. Ich selber habe erlebt, wie meine erste Tochter Sarah sich „freute" und heftige Bewegungen zeigte, als ich im achten Schwangerschaftsmonat als Chormitglied sang. Es war der Gefangenenchor aus Verdis Oper Nabucco. Beim Nachdenken über diese Episode fällt mir ein, dass doch unser intrauterines Leben auch eine erste Erfahrung des „Gefangenseins" in unserem menschlichen Dasein darstellt. Die Erfahrung einer einerseits schützenden, andererseits möglicherweise auch feindseligen Umgebung fängt sehr früh an und könnte teilweise die Wurzeln archetypischer Bilder von Himmel und Hölle widerspiegeln.

Nach der Geburt beginnt einer der ersten kindlichen Körperausdrücke des Säuglings mit den Händen durch den Kontakt zu Füßen, Bauch und Gesicht. Später entdeckt das Kind die Freude beim Eintauchen in Matsch, Schnee oder Sand, aber auch bei der Berührung mit den beliebten Fingerfarben.

4. Präverbale Erfahrungen und universelle Symbole: Erweiterung des Verständnisses der Symbollk

Präverbale Erfahrungen werden im impliziten Gedächtnis gespeichert und können dadurch nicht verbalisiert werden, doch sie entpuppen sich in einer spätere Lebensphase als innere Bilder. Terence Dowling, der die pränatale Psychologie seit über 40 Jahren beforscht, stellte einen Zusammenhang zwischen dem Konzept des kollektiven Unbewussten und der Entstehung der inneren Bilder ab der prä-, peri- und postnatale Biografie fest (1990).

Der Inhalt des sich in Symbolen und Themen äußernden menschlichen Unbewussten lässt sich dadurch erklären, dass alle Menschen, unabhängig von ihrer Kultur oder ihrem Platz in der Geschichte, den gleichen biologischen Anfang teilen. Wir alle treten aus dem gleichen Raum in die postnatale Existenz ein. Die universellen frühen Erfahrungen von prä- und perinatalen Ereignissen prägen sich in dem sich entwickelnden Nervensystem des Menschen ein.

Grundlegende Erfahrungen stehen an der Basis des persönlichen Unbewussten und werden transgenerational als archetypische Bilder im kollektiven Unbewussten weitergegeben. Dowling zitiert C. G. Jung:

Wäre ich ein Philosoph, so würde ich, meiner Voraussetzung gemäß, das Platonische Argument fortsetzen und sagen: Irgendwo, «an einem himmlischen Orte», gibt es ein Urbild der Mutter, jeglichem Phänomen des «Mütterlichen» (im weitesten Sinne dieses Wortes) präexistent und übergeordnet.
(Jung, GW 9/1, § 149)

Hier entsteht eine Brücke zwischen einem primordialen mütterlichen Raum und realer biologischer Erfahrung wie zwei Seiten einer Münze. In der Analytischen Psychologie wird der Zusammenhang zwischen Archetyp und internalisierter realer Erfahrungen aus der vorsprachlichen Ebene nicht wirklich thematisiert. Jedoch stellte Sabina Spielrein bereits 1912 den Zusammenhang zwischen Biologie und der Archetypenlehre fest:

Es findet in der Zeugung eine Vereinigung der weiblichen und männliche Zellen statt. Jede Zelle wird dabei als Einheit vernichtet und in diesem Vernichtungsprodukt entsteht das neue Leben. (…) Die Umgestaltung trifft den ganzen Organismus: Destruktion und Wiederaufbau (…) Es wäre unwahrscheinlich, dass das Individuum diesen Destruktions- und Rekonstruktionsvorgang in seinem Organismus nicht wenigstens in entsprechenden Gefühlen ahnte…
(Spielrein, 1912, 1986, S. 99 f.)

Endlich wurde durch die bahnbrechende Entwicklung der bildgebenden Verfahren ab 1980 wissenschaftlich bewiesen, dass das ungeborene Kind kein vegetatives Wesen ist, und Schwangerschaft und Geburt sowohl biologisch als auch psychologisch lebenslang beeinflussende prägende Erfahrungen sind.

Die Forschungen des Psychohistorikers Lloyd DeMause zeigen auf beeindruckende Weise, wie die Bindungserfahrungen durch die gesamte psychogenetische Evolution unser Denken, Fühlen und Handelns präformieren. Traumatisierungen zeigen sich bereits im Mutterleib.

Die Berücksichtigung der evolutionären kulturellen Dimension und die resultierende Transformation durch die Plastizität unseres Gehirns und Bewusstseins öffnen ein neues Fenster, um präverbale individuelle und kollektive Aspekte unserer Biografie zu vertiefen und zu verstehen. Diese stehen an der Basis der Entstehung innerer Bilder.

Es gibt einen gemeinsamen Nenner zwischen Neurowissenschaft, Epigenetik, Psychohistorie und pränataler Psychologie, der darauf hinweist, dass der Bindungsprozess der Ontogenese verkörperte Erfahrung ist. Der Zugang zu frühen, verkörperten Bindungserfahrungen ist, da präverbal, somit nur unter Einbezug des Körpers möglich. Er wird in der therapeutischen Arbeit mittels Sandbildern, Träumen, spontanen Zeichnungen möglich. Diese spontanen seelischen kreativen Ausdrücksformen sind unerlässliche Ressourcen im therapeutischen Prozess (Carvalho-Hartmann, 2013).

5. Der präverbale und präsymbolische Raum in der Sandspieltherapie

Das kreative Setting der Sandspieltherapie ermöglicht, in einer dreidimensionalen Weise innere Bilder aus der präverbalen Phase sichtbar zu machen. A. Müller vergleicht das Element Sand symbolisch mit einer „guten Mutter":

Sand lässt sich in vielfältiger Weise formen und verwandeln, und er kann, wie eine gute Mutter, als verfügbar, tragfähig und in gewisser Weise unzerstörbar erlebt werden. Er kann als Grundlage für "Bilder aus dem Unbewussten" dienen, kann zu jeder beliebigen Landschaft gestaltet werden und tragende Basis dramatischer Handlungen sein. Er übersteht Kriege, Überschwemmungen und andere Katastrophen, wie sie sehr häufig von Kindern gestaltet und gespielt werden. Mit ihm kann man einen zärtlichen Körperkontakt herstellen, man kann ihn zwischen den Fingern und über die Haut rieseln, sich von ihm bedecken lassen, man kann ihn streicheln, tätscheln, fest anfassen, kneten, etwas ver- oder begraben, Abdrücke und Spuren hinterlassen oder sie verwischen etc.

Die spielerischen und non-verbalen Aspekte dieser Methode gekoppelt mit der „Kinästhe

schen Imagination" (Pattis, 2018) eröffnen einen Zugang zu den prägnanten und nicht integrierten Erfahrungen aus der präsymbolischen Phase.

Unzählige Forschungsarbeiten auf dem Gebiet der pränatalen Psychologie zeigen, dass unser Gehirn sich auf der Basis prinzipieller genetischer Reifungsprogramme in seiner individuellen Ausformung bereits vorgeburtlich über eine umgebungs- und ereignisbezogene Aktivierung von biologischen Informationsprozessen entwickelt.

Das Gehirn des neugeborenen Kindes kann damit als Prägungsnetz vorgeburtlicher Erfahrungen gesehen werden. Diese frühen Speicherungen scheinen normalerweise in dem späteren Erfahrungshintergrund als Kernprägungen innerer Repräsentanzen, was die aktuelle Gedächtnisforschung das „implizite Gedächtnis" bezeichnet.

Zum präsymbolischen Raum gehören Erfahrungen aus der prä-, peri- und postnatalen Phase bis etwa drei oder vier Jahre in dem vorsprachlicher Raum unserer Biografie.

6. Geburtserfahrungen und innere Bilder

Der amerikanischer Forscher Arthur Janov bezeichnet in seinem Buch „Frühe Prägungen" (1984) perinatale Ereignisse als den Beginn eines Drehbuches des Lebens. Er sah die entsprechenden Einprägungen und Mechanismen als persönlichkeitsformende Elemente. Später konnte William Emerson (1996, 2012) den Zusammenhang zwischen auffälligem Verhalten bei Säuglingen und Kindern und vorsprachlichen und geburtlichen Erfahrungen herstellen.

Die Geburt als erste Erfahrung des Weltwechsels ist eine entscheidende psychische Erfahrung. Die Rotation des Kopfes und die Bewegung nach vorn unter der Geburt ist die erste symbolische Geste der Bejahung der Welt durch das Kind (T. Dowling, mündliche Mitteilung).

Eine traumatische Geburtserfahrung wie eine Frühgeburt enthält traumatische Erlebnis-Engramme, da Frühgeborene unreif aus ihrem Gebärmutterraum gerissen und so sehr früh in einem Inkubator als unphysiologischem Ersatz der Gebärmutter mit der extrauterinen Welt konfrontiert werden. Zu traumatischen Geburten zählen: Nabelschnurumschlingung, Steckenbleiben im Geburtskanal, Not-Kaiserschnitt, usw. Diese Erlebnis-Engramme lösen archaische Gefühle des Ausgeliefert-Seins aus und bestehen aus überfordernden Erfahrungen, die der sprachlichen Ebene nicht zugänglich sind. Dies bedeutet eine doppelte Traumatisierung sowohl der Mutter als auch des Kindes und eventuell die Grundlage einer beginnenden Bindungsstörung.

Eine mangelnde Affektregulierung ist bei einer traumatisierten Mutter vorprogrammiert. Sie kann chronifizieren, falls diese Erfahrungen nicht integriert wurden. So können Elemente des Geburtserlebens in einer unerkannten und unbewussten Weise viele Lebensbereiche bestimmen und begleiten.

Solche traumatischen Erfahrungen können als Auslöser einer späteren Symptomatik wie z. B. „Autismus-Spektrum-Störung", kindliche Depression, ADS oder ADHS gesehen werden. Die gezielte anamnestische Befragung über die präverbale Ebene sowohl bei der Mutter als auch beim Kind gibt uns einen Zugang zum präsymbolischen Raum, der mittels Sandbildern, spontanem Zeichnen oder körperlichen Empfindungen erkennbar wird (Carvalho-Hartmann, 2021).

Die pränatale Forschung eröffnet einen Weg hin zu einem neuen Verständnis der Entstehung innerer Bilder und des Erlebens des vorsprachlichen Raumes. Die Entwicklung der Sensomotorik zeigt, dass Erleben und Verhalten des Kleinkindes weitgehend durch körpernahe Empfindungen und Gefühle bestimmt sind und sich szenisch gestalten. Dazu L. Janus (2015 S. 31):

Wir können uns heute vorstellen, dass das Wiegen des Säuglings und später das Schaukeln des Kindes Wiederholungen des vorgeburtlichen Gewiegt-Werdens durch das mütterliche Gehen sind. Auch das beliebte Verbergen und Wiedererscheinen im Guck-guck-da-Spiel gewinnt seine Faszination aus der Erfahrung des vorgeburtlichen und des nachgeburtlichen Daseins. Die Versteckspiele der Kinder haben eine Wurzel im Rätsel der Frage, woher die Kinder kommen und woher man selbst kommt, und natürlich in dem Wunsch gewollt zu sein und gesucht zu werden.

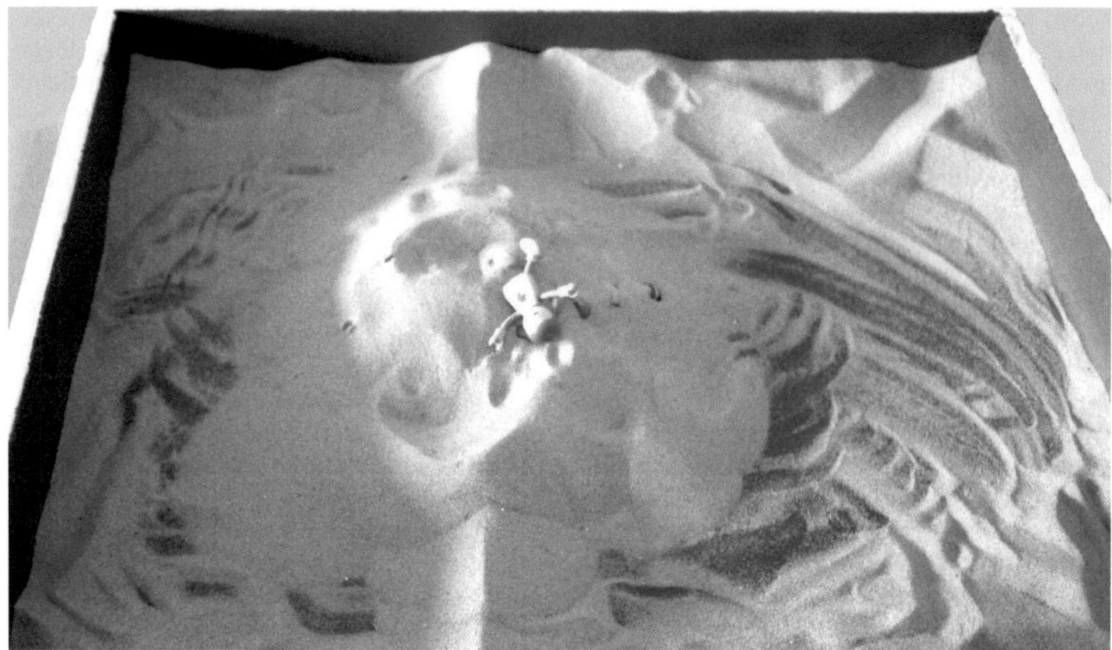

(Abb. 01)

Die Methode der Sandspieltherapie integriert Körper und Psyche. Die sensomotorische „Sprache der Hände", die Mimik, die „kinästhetische Imagination" (Pattis, 2018), die Gestaltung im Sand und die daraus entstandene Verbalisierung lösen automatisch Gefühle der Selbstwirksamkeit aus, als Folge Resilienz. Spielerisch werden präsymbolische Inhalte aus der vorsprachlichen Ebene ausgedrückt. Der Erlebnis-Charakter dieser Methode ermöglicht, dass ganz frühe traumatische Engramme kommunizierbar werden. Sandbilder können in dieser Hinsicht sowohl phänomenologisch als auch hermeneutisch betrachtet werden.

Die intuitive Gebärdensprache zeigt eine interessante Parallele zwischen den Wörtern Geburt und Grab. Sie werden als umgekehrte Gesten dargestellt.

Ein Trauerprozess wird in Sandbildern oft erkannt. Wenig reflektiert wird jedoch die Inszenierung einer metaphorischen Geburt. Wir wissen, dass Kinder noch sehr nahe an ihren vorsprachlichen Erfahrungen und Geburtserlebnissen sind. Anhand eines Beispiels aus der Praxis der Kinder- und Jugendlichepsychotherapie möchte ich diesbezüglich einen Fall eines sechsjährigen Mädchens mit Verdacht auf Autismus vorstellen. Der Fokus ihres Sandspieltherapie-Prozesses lag auf ihren „sprechenden Händen" und der Darstellung ihres Geburtstraumas. Auch der Übergang zwischen einem präsymbolischen zu einem symbolischen Raum des Sandkastens wurde sichtbar und nachvollzierbar.

7. Das Guck-Guck-da-Spiel: die spielenden Hände im Sand

S. kam im Alter von sechs Jahren mit Verdacht auf Autismus in meine Praxis. In der Schule hatte sie kaum Kontakt zu ihren Mitschülerinnen. Als Frühchen erlebte sie selbst und ihre Eltern (besonders die Mutter) eine extrem traumatische Geburt. Sie wurde über eine künstliche Befruchtung gezeugt und kam in der 36. Schwangerschaftswoche zur Welt. Sie erlebte zweimal einen Wechsel der Krankenhäuser. Als die Mutter auf ihren Wunsch alleine in die Anamnese kam, war ihre psychische Not durch ihr ununterbrochenes Sprechen über die traumatische Geburt und die Schwierigkeiten in der Paarbeziehung deutlich fühlbar. In meiner Gegenübertragung spürte ich Hilflosigkeit und fühlte nach, wie sich ihre eigene mangelnde Selbstaffektregulierung wohl auf ihre traumatisierte Tochter auswirkt.

Alleine mit mir, spielt S. ganz am Anfang ihrer Therapie und in den folgenden vier Sitzungen immer wieder die gleiche Szene: Im trockenen Sand vergräbt sie ihre rechte Hand mit

(Abb. 02)

der linken. Ein Blickkontakt ist nicht möglich. Schweigend zeigt sie eine verzerrte Mimik, die die ich als Ausdruck von Angst erlebe. In der fünften Sitzung gibt es aber eine Veränderung: Beide Händen werden „befreit" und sie genießt das Rieseln des Sandes. Ihre Mimik wird sanfter und ein leichtes Lächeln taucht in ihrem Gesicht auf. Allmählich erlaubt sie sich, mehr Raum im Sandkasten einzunehmen.

In der zehnten Sitzung äußert sie mit zunehmendem Vertrauen ihren Wunsch: ich soll ihre Hände fotografieren. Es ist ihre erste verbale Mitteilung!

In der 15. Sitzung nimmt sie erstmals eine Miniatur aus dem Regal (eine kleine Puppe) und fängt an, im Sandkasten zu spielen: Die Puppe spielt ein Guck-Guck-Spiel im Sand. Sie wird immer wieder vergraben und hervorgeholt. Im Sandrelief erkennt man eine geformte dreigegliederte Figur und die kleine Puppe in Bauchhöhe (Abb. 01).

Die Symptomatik hatte sich verbessert. Sie zeigt mehr Zugang ihre Mitschülerinnen und lacht viel mehr.

In der 20. und letzten Sitzung möchte sie mir ein „Geschenk" im Sandkasten zurück lassen. Dazu muss ich meine Augen schließen. Das erste Mal im feuchten Sand, legt sie eine Perle in einer Muschel hin und verabschiedet sich mit leuchtenden Augen (Abb. 02).

Ich bin sehr berührt und sprachlos und denke an die Symbolik der Perle: Ein störendes Sandkorn, das sich in eine Perle verwandelt, eine künstliche Befruchtung, die ein Leben erweckt. Wie reich ist die Bildersprache der Seele!

Schlussfolgerungen

Hände sind ein uraltes Symbol. Sowohl ontogenetisch als auch phylogenetisch sind die Hände die Vertreterinnen unserer Hand-lungen. Die phänomenologische Beobachtung unserer Gesten, der Mimik und der gesamten Körpersprache im Setting der Sandspieltherapie kann ein neues Fenster für eine vorsprachliche Realität öffnen. In dieser Hinsicht können Sandbilder sowohl hermeneutisch als auch phänomenologisch betrachtet werden.

Der Einbezug der pränatalen Dimension eröffnet ein vertieftes Verständnis für die vorsprachliche Realität in der Psychotherapie, die auf der sprachlichen Ebene nicht zugänglich ist. Das Erfassen prä- und perinataler, sowie transgenerationeller Traumatisierungen in der Anamnese bahnt neue Wege im Verständnis von Sandbildern. Die symbolische Zusammensetzung von Sand (als Magna Mater = Körper) und Wasser (Wasser des Lebens = Fruchtwasser) offenbart einen symbolischen „Gebärmutter-Raum" (Carvalho-Hartmann,

2015). Bildnerisch werden frühtraumatisierende Erfahrungen dargestellt und verbalisiert. Der „freie und geschützte Raum" und der Als-ob-Modus im Sandspiel lassen durch eine geteilte Aufmerksamkeit neue Möglichkeiten zum Mentalisieren und für korrigierende Erfahrungen zu.

Literatur

Baumann, C. (1955). *Psychological experiences connected with childbirth: a preliminary research.* Studien zur analytischen Psychologie C.G. Jungs. Band I, Rascher.

Carvalho-Hartmann, I. (2013). Das Auffinden seelischer Ressourcen in Sandbildern. *Sandspieltherapie.* Zeitschrift Heft 34.

Carvalho-Hartmann, I. (2021). *Sandbilder als bildnerischer Ausdruck von Geburtstraumata bei Kindern.* In Jahrestagung der ISPPM. Geburtshilfe im Wandel. Mattes Verlag.

Carvalho-Hartmann, I. (2015). Sandbilder als Ausdruck vorsprachliche Realität. *Sandspieltherapie* Zeitschrift, Heft 38, S.27-45.

Carvalho-Hartmann, I. (2022). Childhood and cultural evolution. *Journal of Analytical Psychology,* 2022, 67, 2, 605–62, London.

Dowling, T. (1990). *The Roots of the Collective Unconscious: The Problems of Universal Symbolism".* In Ludwig Janus (Hrsg.). Das Seelenleben des Ungeborenen - eine Wurzel unseres Unbewussten. Reihe Psychologie Band 22, Centaurus-Verlagsgesellschaft.

Emerson, W. (1996, 2012). *Behandlungen von Geburtstraumata bei Säuglingen und Kindern.* Mattes Verlag.

Janov, A. (1984). *Frühe Prägungen.* Fischer Verlag.

Janus L. (2018a). *Homo foetalis – das Wechselspiel des fötalen Erlebens mit den Primateninstinkten und dem Verstand als Wesenskern des Menschen.* Mattes Verlag.

Janus, L. (2015). *Geburt (Analyse der Psyche und Psychotherapie).* Psychosozial Verlag.

Jung, C. G. 1938-54. *Collected Works.* IX Part I.

Leroi-Courban, A. (1988). *Hand und Wort. Die Evolution von Technik, Sprache und Kunst.* Suhrkamp Taschenbuch.

Müller A. *Stichwort Sand. www.symbolonline.de.*

Pattis Zoja, E. (2018). *Where Soul meets Matter: clinical and social applications of junguian Sandplay Therapie.* Chiron Publications.

Piontelli A. (2015). *Development of normal fetal Movements: the last 15 weeks of gestation.* Springer Verlag.

Piontelli, A. (2003). *From Fetus to Child: An Observational and Psychoanalytic Study.* New Library of Psychoanalysis (English Edition).

Spielrein, S. (1912, 1986). *Ausgewählte Schriften.* Band 2. Hrsg. Brinkmann&Bose.

Ignez Carvalho-Hartmann
Analytische Kinder- und Jugendlichenpsychotherapeutin, Dozentin an den Instituten für Analytische Kinder- und Jugendlichenpsychotherapie in Heidelberg und Bonn, Musikerin und Musiktherapeutin, Lehrtherapeutin für Sandspieltherapie (DGST; ISST). Sie ist Mitglied der DGAP und IAAP, Mitglied des Institutes für Pränatale Psychologie und gibt Vorträge in Deutschland und im Ausland.
Kontakt: ignezdch@online.de

Freundschaft – eine Ressource

Margarete Leibig

Foto: Adobe Stock 336907373

Freundschaft braucht es in allen Lebensphasen, und wir alle brauchen Freundschaften. Wir erleben dabei emotionale Schwingungen, die für uns Menschen heilsam sind.

Freundschaft vermittelt uns ein Gefühl von Gemochtwerden, vielleicht sogar Geliebtwerden und ein Spüren der Wertschätzung. Das ist Balsam für unsere Seelen.

Wenn wir Seelenverwandtschaft fühlen und dies einander sagen können, beglückt uns das zutiefst, denn hierbei erleben wir Resonanz.

Freundschaftliche Verbindungen können über vielerlei Möglichkeiten entstehen: über Sport, die Arbeit, über Kunst, den geistigen Austausch, so wie in den C. G. Jung-Gesellschaften, dem Jung-Journal, der Internationalen Gesellschaft für Tiefenpsychologie (igt) oder auch über sonst ein Hobby und gemeinsame Interessen.

In einer Therapiestunde fragte ich ein zehnjähriges Mädchen, dessen Geburtstag vor der Türe stand, wie sie denn ihren elften Geburtstag feiern möchte. Spontan sagte sie: „Ich feiere mit zwei, drei Freundinnen, weißt du, wenn man keine Freunde hat, macht das Leben keinen Spaß, und man lebt nur einmal und kriegt nur eine Chance im Leben!" Sie schaut mich mit großen Augen sehr ernsthaft an.

Wichtig ist ihr mit Freundinnen: Man soll „die andern nicht verraten, kein Geheimnis ausplaudern!" Sie fügt noch hinzu: „Lebe dein Leben, bevor es zu Ende ist!"

Zugegeben, ich war überrascht. Waren das Sätze ihrer Großmutter, oder ist es wirklich ihr Eigenes?

Als ich dem nachspüre, nehme ich in der Gegenübertragung ein behutsames und fast heiliges Gefühl wahr und kann plötzlich gut spüren, ja, das kommt aus ihr. Es ist einen Moment ganz still zwischen uns.

Es war, als ob eine Stimme aus ihr gesprochen hat. Eine Stimme, die ganz in Verbindung ist mit sich selbst.

Ich spüre sie verbunden mit sich und nehme den Energiefluss auf der Ich-Selbst-Achse des knapp elfjährigen Mädchens wahr.

Dann fallen mir ihre Sandbilder der letzten Stunden ein, die diese innere Zentrierung ankündigen. Und ich spüre die Resonanz zwischen ihren Bildern und dem, was sie sagt.

Das Mädchen, das eher wie eine Zwölfjährige wirkt, ist in der Vorpubertät und plant mit Freundinnen ihren elften Geburtstag. Ganz aus der Tiefe ihres Herzens, aus dem Selbst des Kindes heraus, taucht dabei das Wesentliche für sie auf: die Freundschaft.

Das Mädchen gibt der Freundschaft eine ganz große Bedeutung, und sie verbindet damit ihren Spaß. „Sonst macht das Leben keinen Spaß", sagt sie.

Es zeigt sich darin eine große Sehnsucht nach Lebendigkeit in ihrem Leben.

In diesen Momenten des Austauschs und der Stille kommt mir der Archetyp der Freundschaft entgegen. Das ist ein Grundbedürfnis nach Freundschaft, und das Urbild von Freundschaft. Dieses Mädchen erfasst intuitiv vieles von dem, was wesentlich ist im Leben und was Freundschaft ausmacht.

Sie hat unter der Trennung ihrer Eltern viele Jahre gelitten. Es war ein langer Kampf zwischen der Mutter und dem Vater. Es gab viel Streit, in denen das Mädchen bei ihren Freundinnen Schutz und Geborgenheit suchte, was sie auch in den Familien der Freundinnen fand. Dort erlebte sie Trost und erfährt Resonanz auf ihre kindliche Not.

Das Bedürfnis nach Resonanz ist ein menschliches Grundbedürfnis, und das erleben wir ganz besonders in Freundschaften. Da ist jemand – die reagieren auf mich! Und das ist ein wesentliches Element der Freundschaft.

Das Mädchen war in ihrer Seele gefährdet gewesen, hatte Ängste, wurde depressiv und aggressiv, deshalb kam sie in Therapie. Die Freundinnen konnten ihr in dieser Gefährdung überleben helfen.

Mit Hilfe ihrer Freundinnen und der Therapie wurde ihre Lebensfreude gerettet. Meine Erfahrung ist, dass für Kinder in Not auch die Familien der Freundinnen unendlich wertvoll sind. Dort gibt es Momente der Geborgenheit und Trost, und das eigene Unglück in der zerstrittenen Familie kann etwas im Hintergrund sein, zumindest für eine Weile.

Gleichzeitig werden diese Begegnungen und Erfahrungen auch ein Teil der resilienten Kräfte, die Menschen auf ihrem Lebensweg durchtragen. Sie haben die reale Erfahrung gemacht, dass es Menschen gibt, die in der Not da und damit eine Hilfe sind. Menschen können dabei erfahren, dass Freundschaft mehr ist als ein Bild zum Überleben.

Ich vermute, dass viele der Leser und Leserinnen in ihrem Leben auch Erfahrungen gemacht haben, in denen gute Freundinnen und Freunde ein Stück weit eine Rettung waren.

Ich persönlich habe ebenfalls die Erfahrung gemacht. Als vor vielen Jahren meine damals schon erwachsene Tochter gestorben ist, war ich unendlich dankbar, dass Freundinnen mir beigestanden sind, meine Tränen ausgehalten haben, meine Trauer mit mir geteilt haben und mit mir auf den Friedhof gegangen sind.

Freundschaften können in schweren Lebenssituationen überleben helfen.

Freundschaft ist etwas Archetypisches, etwas Ur-Menschliches, das in jedem von uns als Möglichkeit angelegt ist.

Die Erfahrungen in einer Freundschaft können uns in der Tiefe nähren. In Freundschaften kann eine zwischenmenschliche Einbindung und Verbundenheit entstehen. Durch die Erfahrung des Gewolltseins und durch die Wertschätzung können mitunter auch Entwicklungsdefizite aus früheren Entwicklungsphasen gelindert und kompensiert werden,

Zudem werden Freundinnen und Freunde in der Seele zu hilfreichen, nährenden Anteilen, und damit können Menschen wieder mehr in Verbindung zu sich selbst finden. Es kann dabei eine Liebe zu sich selbst und zu anderen Menschen entstehen. Der Philosoph Wilhelm Schmid spricht in einem Buch davon, mit sich selbst befreundet zu sein. Dieses Anfreunden mit sich selbst kann durch Freundinnen und Freunde initiiert werden.

Was Aristoteles schon im 4. Jahrhundert v. Chr. sagte, stimmt auch heute noch:

Freundschaft ist ohne Wenn und Aber ein hohes Gut. Jedes Leben, in dem

Foto: Adobe Stock 157478294

Freundschaft eine Rolle spielt, ist ein besseres Leben als eines ohne Freundschaft.

Und weil es ein archetypisches Bedürfnis ist, sind Freundschaften in allen Lebensphasen wesentlich. Vom Kindergartenalter bis ins hohe Seniorenalter. Wir Erwachsene suchen immer wieder Freundschaften, obwohl wir auch wissen, dass der Schmerz ein Bestandteil von Freundschaft ist. Es entstehen in Freundschaften Gefühle wie Neid, Eifersucht, Wut, Kränkungen und Enttäuschungen. Damit umzugehen ist immer wieder eine Entwicklungsaufgabe.

Wie bei dem 10-jährigen Mädchen zu sehen war, zeigt sich die Bedeutung von Freundschaften besonders deutlich in Zeiten des Übergangs. Bei ihm war es der Übergang von der Kindheit in die Pubertät.

Übergänge sind sensible Zeiten, in denen wir uns empfindsamer, unsicherer und schutzbedürftiger fühlen. Das kann nach einer Trennung oder einem Umzug sein, nach einem Arbeitsplatzwechsel, beim Eintritt in das Rentenalter oder bei der Begleitung eines lieben Menschen, wenn der Weg in die Ewigkeit spürbar wird und sich das Sterben ankündigt. Hier können Freundinnen und Freunde unterstützend sein, indem sie das Leid und den Kummer mitfühlen, mittragen helfen und in der Not tröstend da sind.

Freundschaften können allerdings auch zu Ende gehen. Die Krise und der Wandel gehören zum Leben und damit auch zur Freundschaft. Oft kommt es zu Veränderungen, wenn ein neuer Lebensabschnitt ansteht, zum Beispiel wenn junge Erwachsene wegziehen und zu studieren anfangen. Oft gibt es gravierende Veränderungen bei einem tiefen Einschnitt im Leben, wie Trennung, Scheidung und Tod.

Manche Freundschaften jedoch überdauern Jahrzehnte. Und diese erleben wir dann als besonders kostbar.

Am Anfang einer Freundschaft steht Begeisterung oder auch ein Gefühl von behutsamem innerem Abtasten. Wir sind vielleicht begeistert von der Übereinstimmung, von dem guten Miteinander-Schwingen und vielleicht auch davon, miteinander ein Gefühl von Heimat und Zugehörigkeit zu erfahren.

Dann kommt häufig eine Phase der Stabilisierung, und das Finden einer guten Nähe-Distanz-Regulation, damit die Freundschaft mit ihren Höhen und Tiefen auch Gefährdungen überstehen kann.

Die Faszination in einer Freundschaft kann einerseits durch Ähnlichkeit, durch ein Sich-Wiedererkennen im anderen zustande kommen. Zum anderen kann das Attraktive einer

Freundschaft darin bestehen, dass wir uns auf das ganz Andere, das bisher Ungelebte einlassen. Und es braucht in Freundschaften zudem immer wieder eine gute Nähe-Distanz-Regulation, um Raum für eine Wandlung der Freundschaft entstehen zu lassen.

Denn in der Freundschaft ist es wie in allen Lebensprozessen: Es ist ein Werden und ein Vergehen. Das bedeutet, es kann auch zum Zerbrechen und zum Abschied kommen, wenn ein Streit und die Unterschiedlichkeit nicht mehr auszuhalten waren. Es kann bei Freundschaften aber auch nach einer Phase der Distanzierung einen Neuanfang geben.

Das macht die Besonderheit einer Freundschaft aus. Sie kann großzügig sein, sie kann vergeben, und vielleicht die gemeinsame Geschichte aus einer Distanz mit Wohlwollen betrachten.

Fulbert Steffensky vergleicht in einem Aufsatz die Freundschaft mit einem offenen Haus, in das wir hinein- und aus dem wir wieder herausgehen können. Wir wählen unsere Freunde oder werden gewählt und stimmen zu. Steffensky spricht von dem Moment der Freiwilligkeit, im Unterschied zu Familienbeziehungen, bei denen man erst einmal keine Wahl hat, in die wir hineingeboren werden.

Der Romantiker Christoph August Tiedge (1752–1841) drückt das Geheimnis der Freundschaft so aus:

Die Freundschaft ist die heiligste der Gaben.
Nichts Heilger's konnt uns ein Gott verleihn.
Sie würzt die Freud und mildert jede Pein,
Und einen Freund kann jeder haben,
der selbst versteht, ein Freund zu sein.

Hier wird die besondere Beziehung der Freundschaft ausgesprochen.

„Sie würzt die Freud und mildert jede Pein", und sie wird als „heiligste der Gaben" benannt. Und, was mir sehr wichtig erscheint: „Einen Freund kann jeder haben, der selbst versteht, ein Freund zu sein." Damit ist Freundschaft auf den Punkt gebracht. Das Geheimnis einer guten Freundschaft liegt wohl darin, dass wir uns inspirieren lassen können, füreinander Wohlwollen haben, Gemeinsamkeiten und Unter-

schiedlichkeit aushalten und gleichzeitig eine gute Nähe-Distanz-Regulation finden. Freundinnen und Freunde können und sollen sich auch manchmal in Ruhe lassen.

Gerade in unseren heutigen unruhigen Zeiten brauchen wir mehr denn je verlässliche Freundschaften und liebevolle Resonanz von Freundinnen und Freunden, um die unterschiedlichen Bedrohungen, denen wir ausgesetzt sind, miteinander zu bewältigen und in der Hoffnung und Zuversicht zu bleiben.

Literatur

Nehamas, A. (2017). *Über Freundschaft.* Dtv Verlagsgesellschaft.

Riess, R. (Hrsg.) (2014). *Freundschaft.* Lambert Schneider Verlag, Wissenschaftliche Buchgesellschaft.

Kast, V. (1992). *Die beste Freundin.* Kreuz Verlag.

Fischer, E. P. (2017). *Treffen sich zwei Gene.* Siedler Verlag.

Schmid, W. (2004). *Mit sich selbst befreundet sein.* Suhrkamp.

Margarete Leibig
Dipl.-Soz.päd., Analytische Kinder- und Jugendlichenpsychotherapeutin, Psychodramatherapeutin, Dozentin und Supervisorin am C. G. Jung-Institut Stuttgart, ehem. Vorstandsmitglied des C. G. Instituts, der Deutschen Gesellschaft für Analytische Psychologie und aktuell Vorstandsmitglied der Internationalen Gesellschaft für Tiefenpsychologie.

Die innere Freiheit des Alters

Ingrid Riedel

Foto: AdobeStock 176359515

Die innere Freiheit des Alters – so mein Thema. Was aber kann innere Freiheit des Alters bedeuten? Eine Freiheit, auch bei äußerer Unfreiheit durch eine Unterbringung im Alters- oder Pflegeheim zum Beispiel, wegen starker Beeinträchtigung des Bewegungsapparats, bei weitgehender Bettlägerigkeit – eine innere Freiheit beim Altern unter solchen Umständen also? Gibt es sie wirklich? Wie könnten wir sie uns vorstellen?

Gelebte innere Freiheit während ihrer Alterszeit im jüdischen Altersheim von Frankfurt – ein jüdisches Schicksal steht also auch noch dahinter – erwies die bekannte Lyrikerin Rose Ausländer, die in dieser Lebensphase und unter diesen Lebensumständen ihre bedeutendsten Gedichte schrieb, die sie erst weithin bekannt machten.

Innere Freiheit also des Alterns, im Alter – bei allen äußeren Einschränkungen. Es gibt sie, wie Rose Ausländer zeigt. Ein Einzelfall?

Für uns Übrige vielleicht eher ein Sehnsuchtsbild, eine Projektion auf das Alter, das wir im Übrigen eher fürchten, von dem wir Einschränkung über Einschränkung erwarten – alles andere eher als Freiheit. Dass es selbst bei äußerer Unfreiheit innere Freiheit geben könnte und dass im Alter, nicht nur im jungen Alter, nicht nur im goldenen Alter, sondern auch im hohen Alter – das aber ist das Thema, eigentlich das Versprechen meiner Ausführungen.

Das „Wohlbefindens-Paradox"

Wenn innere Freiheit im Alter möglich sein kann, was wären die Voraussetzungen dazu? Befragen wir dazu zunächst auch die Wissenschaft vom Alter, wenn auch nur punktuell. Als die bisher umfassendste bis heute kontinuierlich fortgeführte interdisziplinäre Studie, die sog. Berliner Altersstudie (Mayer & Baltes, 1999), in Gang kam, stießen die Experten der Altersforschung schon früh auf ein Ergebnis, das ihren Erwartungen und Vorstellungen so wenig entsprach, dass sie es nur mit dem Ausdruck paradox bezeichnen konnten: das sog. „Wohlbefindens-Paradox", d. h. dass die ungeschönte Mehrheit der befragten Berliner Bevölkerungsschichten in allen drei oder vier Altersgruppen, in die man die alte Generation heute einteilt, darunter selbstverständlich auch die Bewohner des ehemaligen Ost-Berlin, von einem grundlegenden Wohlbefinden sprach.

Ein Wohlbefinden, eine gewisse Bejahung des bisher gelebten Lebens also, eine Grunderfahrung von Selbstwert und Selbstwirksamkeit, die als Basis einer möglichen inneren Freiheit im Alter betrachtet werden kann. Ich zitiere aus dieser Studie Vorstellungen, die sich zunächst einmal im Bereich der subjektiven Befindlichkeit alter Menschen finden: „So sind die meisten alten Menschen mit ihrem Leben zufrieden. Zwei Drittel fühlen sich gesund, fast zwei Drittel fühlen sich gesünder als ihre Altersgenossen. Solche positiven Vergleichsurteile nehmen im Alter sogar noch zu: Über zwei Drittel meinen, dass sie ihr Leben selbst bestimmen können und fühlen sich insoweit selbstständig und unabhängig. Mehr als neun von zehn alten Menschen haben noch ausgeprägte Lebensziele und nur ein Drittel ist stark vergangenheitsorientiert." (a. a. O., S. 497)

Zwar mag die subjektive Situation besser sein als die objektive Lage. Sie sind als positive Einstellung auch das Ergebnis wirksamer Prozesse der psychischen Auseinandersetzung mit widrigen Bedingungen. Sie sind vermutlich auch Folgen generationsspezifischer Genügsamkeitsnormen dieser Generation, die den Zweiten Weltkrieg durchlebt und überlebt hat.

Doch gibt es in der Berliner Altersstudie auch Belege für positive Aspekte der objektiven Alterssituation (a. a. O., S. 625): „So fühlen sich alte Menschen nicht nur überwiegend selbstständig, sie sind es auch weitgehend in ihrer Lebensführung. Mehr als neun von zehn leben in Privathaushalten [...] leben weniger als 10 % in Heimen. Drei Viertel der in Privathaushalten lebenden Menschen erhalten keine regelmäßige Hilfe von außerhalb", vielmehr ist ein hoher Prozentsatz von ihnen noch bereit, Familienangehörigen oder Freunden in bestimmten Situationen beizustehen. Neun von zehn sind nicht pflegebedürftig, und so ist selbst unter den 85-Jährigen nur ein Drittel hilfsbedürftig.

Soziales Engagement

Es besteht also ein höheres Maß an Lebenszufriedenheit, an Lebensbeteiligung und auch an Auseinandersetzung mit widrigen Umständen außerhalb und in einem selbst als lange Zeit angenommen wurde. Das kann man wahrlich als Ressource im Alter bezeichnen.

Neben Rose Ausländer, die im Alter ihre bedeutendsten Gedichte geschrieben hat, gibt es z. B. die Malerin Maria Lassnig, die im Alter ihre bedeutendsten Werke schaffte.

In spiritueller und auch in kultur-politischer Hinsicht gibt es die beiden alten Männer, die die Sicht auf die Welt verändern: der Dalai Lama und auch Papst Franziskus, der es jedenfalls versucht.

Daneben gibt es zahlreiche Bürger in den Städten, wie die Alten von Stuttgart, die gegen das wahnsinnige Bahnprojekt Stuttgart 21 protestierten und dabei mit ihren Rollatoren in der ersten Reihe sich gegenüber der angriffswilligen Polizei positionierten, und diese wie niemand anders in Verlegenheit brachten.

Als Vermittler zwischen den Parteien in Stuttgart griff man gerade auf den alten und durch seine Streitbarkeit bekannten Heiner Geißler zurück, inzwischen leider verstorben, der sich in höherem Lebensalter als ausgesprochen vermittlungs- und versöhnungsbereit erwies – wie übrigens viele alte Menschen, die sich in dieser Hinsicht, auch im Umgang mit ihren Emotionen deutlich verändern.

„Späte Freiheit"

Ein gewisser Gewinn im Alter besteht für viele zunächst in der „späten Freiheit" – so nannte dies zuerst Rosenmeyer (1990). Die externen Verpflichtungen der Berufsarbeit und vielfach auch die der Familie können nun zurücktreten gegenüber den vermehrten Möglichkeiten zur Selbstgestaltung des Lebens.

Eine Studie des bekannten Altersforschers Andreas Kruse (1980) ergibt darüber hinaus, dass die Gewinne dieser berufsfreien Zeit an äußerer Freiheit vor allem von den sog. jungen Alten, von Mitte Sechzig oder heute von Mitte Siebzig an, genutzt und geschätzt werden, während die Generation ab 80 die Möglichkeit und den Gewinn einer inneren Freiheit immer mehr wahrzunehmen und auszuschöpfen beginnt. Es zeigt sich, dass 44 % dieser Ältesten die Aufrechterhaltung einer bejahenden Lebenseinstellung trotz erfahrener Einbußen und Verluste für unerlässlich hält (Heuft, Kruse & Radebold, 2005).

Hier spüren wir, welche Bewältigungsfähigkeit und Lebenskompetenz diese Generation gewonnen hat, was eine große Ressource ist. Eine Mehrheit der Ältesten freut sich nach ei-

Foto: AdobeStock 234438270

gener Aussage an Dingen, die man in früheren Lebensjahren weniger beachtet und denen man weniger Bedeutung beigemessen hat.

Wie also kann es zu einer inneren Freiheit im Alter kommen? Was trägt dazu bei?

Akzeptanz, Gelassenheit und Humor
Vor allem anderen ist es doch wohl die reiche Lebenserfahrung dieser Generation: die Einsicht, dass Licht und Schatten fast immer gleichzeitig da sind; dass vieles vorübergeht, alles sich wandelt; dass man sich nicht zu sehr auf etwas versteifen soll und muss, sondern jeweils auch die andere Seite sehen kann. Man lernt hinzunehmen, man lernt auszugleichen, auch innerhalb der eigenen Emotionen, lernt man bei belastenden Erfahrungen zu fragen, was letztlich auch Gutes daraus erwachsen könnte.

Man lernt, Humor zu entwickeln, eine wichtige Ressource und ein untrügliches Zeichen für innere Freiheit. Es ist im Alter ein Wissen da um die Zeitlichkeit, um die Wandelbarkeit und damit aber auch um die Endgültigkeit des Lebens. Und so stellt sich die Frage, wenn man etwas tun, wenn man noch etwas entscheiden oder gestalten will: Wann, wenn nicht jetzt?

Es verschärft sich im Alter das Wissen um die Unverwechselbarkeit meiner Person und meines Lebens. Und es stellt sich die Frage, wenn noch etwas Wesentliches verwirklicht werden soll: Wer soll es tun? Wer soll es sagen, wenn nicht ich?

„Wer, wenn nicht ich, wann, wenn nicht jetzt?"
Es vertieft sich im Alter das Wissen um die Begrenztheit des Lebens, um den Tod. Und so stellt sich die Frage, wenn ich noch etwas bewirken möchte, wenn noch etwas geschehen soll: Wann, wenn nicht heute?

So kommt es zu einer neuen Wertschätzung des Heute im Alter, des Lebens im Jetzt. Das Heute, das Jetzt wird so kostbar, dass wir es, auch wenn in naher Zukunft etwas zu befürchten wäre, nicht – oder doch nicht gänzlich – davon überschatten lassen wollen. Es kommt, wann es kommt, aber jetzt gilt das, was heute ist.

Ein Beispiel ist mir auch in diesem Sinne Rose Ausländer, die wie gesagt in innerer Freiheit ihre späten Gedichte schrieb – unter Verlust äußerer Freiheit. Lebte sie doch ab 1972, von ihrem 71. Lebensjahr an, im Altersheim der Jüdischen Gemeinde von Düsseldorf. Nach einem Oberschenkelhalsbruch, von dem sie sich nie mehr richtig erholte, war sie seit 1978 überwiegend bettlägerig, lebte in ihrem Zimmer im Nelly-Sachs-Haus in Düsseldorf und gewann dort die innere Freiheit, sich ganz ihrem Schreiben, ihrer Lyrik, dem sprachlichen Ausdruck ihres innersten Wesens zu widmen

– und von da an erreichten ihre Lyrikbände hohe Auflagen, während Rose Ausländer zuvor in ihrem entbehrungsreichen Leben, das in Czernowitz in der Bukowina begann und über Wien, New York zuletzt zurück nach Düsseldorf führte, nur wenig bekannt geworden war.

Heute aber wird sie gelesen. Ihrem Gedicht *Noch bist du da* begegnete ich während der letzten Wochen immer wieder, an verschiedenen Orten und immer wurde es als wichtiger Wegbegleiter vorgestellt. Als ich selbst einen Vortrag mit diesem Gedicht begann, sagte mir einer meiner Hörer, sie hätten genau dieses Gedicht schon morgens bei einer Meditation gehört. Ob das abgesprochen gewesen sei. Das aber war es nicht. Dieses Gedicht lebt also. Hören und sehen wir es bitte auch hier noch einmal innerlich mit:

Noch bist du da
Wirf deine Angst in die Luft
bald ist deine Zeit um
bald wächst der Himmel
unter dem Gras
fallen deine Träume ins Nirgends.
Noch duftet die Nelke
singt die Drossel
noch darfst du lieben
Worte verschenken
noch bist du da.
Sei was du bist.
Gib was du hast.

Noch darfst du lieben!
Innere Freiheit? Lesen wir das Gedicht unter dieser Frage. Allein die innere Freiheit, seine Angst in die Luft zu werfen wie einen Ball, einen Ball zum Spielen, ist bemerkenswert. So halte ich sie nicht fest. Aber weit über das Wahrnehmen des Schönen in der Welt hinaus, verweist uns das Gedicht auf das schönste und tiefste Erleben und Realisieren unserer selbst: *„Noch* darfst du lieben".

Was dich zugleich über dich hinausträgt zu allem hin, was Sinn macht im Leben z. B. zu dem „Worte verschenken" hin, einer ganz wesentlichen Möglichkeit innerer Freiheit – und läge man bettlägerig im Altersheim. Worte verschenken! Wie erlebte ich die mir geschenkten Worte der Freunde, der Berufskollegen während einer ernsten gesundheitlichen Krise, während einer Zeit im Krankenhaus!

Wie umfingen sie mich psychisch und direkt auch physisch wie ein wärmendes Tragetuch! Wie durchlebte ich, ans Bett gebunden, die Möglichkeit, selbst Worte zu verschenken im Brief, im E-mail, im Telefon als belebendes, liebevolles Tun, das Selbstwert gab und Sinn mitten in einer recht eingeschränkten Situation und so der Zwiesprache Raum und Nahrung bot mit einem jedem meiner Gegenüber und nicht zuletzt mit mir selbst – Sei, was du bist. Gib, was du hast.

Sei was du bist!
Dieses Unverwechselbare, Authentische, das der Kern einer inneren Freiheit in jeder Lebensphase, vor allem im Alter, ist: „Sei, was du bist", es heißt: Sei unverwechselbar du selbst, und sei es ganz – gerade, weil deine Zeit begrenzt ist. Und halte nicht zurück mit dem, was dir gegeben ist, was du wohl auch weitergeben kannst: Sag es endlich, schreib es endlich, schenk es endlich. Das sind Gesichtspunkte einer jeder inneren Freiheit im Alter – der Freiheit, dies alles lustvoll zu tun. Lustvoller denn je.

Zur inneren Freiheit im Alter gehört dementsprechend ein neuer Bezug, wie schon bedacht, zum Jetzt: *Noch* bist du da, damit das Jetzt, der Moment, der der vorletzte, der letzte sein könnte. Dadurch gewinnt er an Gewicht, gerade weil ich nicht weiß, wie viele solcher Momente mir noch gegeben sein werden. Es kommt in Krisenzeiten darauf an, nicht alles, was geschehen könnte – was ja auch nicht sicher kommt – vorwegzunehmen und den mir noch geschenkten Moment damit zu belasten, sondern den Moment des jetzt geliebten Lebens ihn selbst sein zu lassen, einen kostbaren Moment – so erleben oft Liebende in Zeiten kurz vor einem Abschied, in Angst vor einer lebensgefährlichen OP beispielsweise, ihre intensivsten Momente. Und unter der Gefahr des Scheiterns, des Verlustes werden die mutigsten, die rettendsten Entscheidungen getroffen.

Gerade wenn ich ahne, dass ich nur diesen Moment von innerer Freiheit habe, kann mir z. B. auch zu Bewusstsein kommen, dass ich zugleich in einem ungeheuer großen Ganzen, in einem unermesslichen Zeitraum lebe, zu dem auch ich unverlierbar dazugehöre. Da er letztlich mich auch hervorgebracht, mich geboren hat.

Oft hängt alles daran, was ich aus der nächsten Stunde mache. Aber auch in einer Entscheidung, die ich in dieser einen, vielleicht meiner letzten Stunde mache, habe ich in Wirklichkeit nur diesen Moment, das Jetzt.

So schreibe ich eine letzte liebevolle E-mail an eine mir nahestehende Kollegin, die mich wissen ließ, ihr Krebsleiden habe sich verschlimmert. Drei Tage später erfahre ich aus der Zeitung von ihrem Tod. Hat sie meinen Gruß wohl noch bekommen? Jetzt lebe ich, jetzt fallen alle Entscheidungen. Das spürt man im Alter unverwechselbarer als jemals früher.

Der Moment ist meine Schöpfung
die Brücke von meinem
Staubgeist zum Sterngeist

Der Moment, das Jetzt, ist das, was ich daraus mache, meine Schöpfung innerer Freiheit. Er ist die Brücke, die ich von meinem Staubgeist, von dem Wissen um meine Vergänglichkeit hin zum Sterngeist, zu dem, was über mich hinausreicht, schlagen kann. Ob ich mich auf den Staub beziehe oder auf den Stern, das ist die Entscheidung in diesem Moment.

Was ich aus dem Moment, aus dem Jetzt mache, schöpferisch, das trägt mich wie ein Flügel zum nächsten Moment. Was ich aus dem einen Moment jetzt mache, wie ich mich auf ihn einstelle, ihn gestalte, bestimmt den nächsten Moment. Der Moment ist mein Flügel in die Zukunft. Ganz in der Gegenwart zu leben, ist innere Freiheit.

Innere Freiheit bedeutet die Möglichkeit, schöpferisch zu sein.

Innere Freiheit heißt, in jedem Moment neu schöpferisch sein zu können, im Wissen um ein größeres Ganzes, zu dem wir gehören. Altkanzler Helmut Schmidt – ein nüchterner alter Mann – wünschte sich, als er spürte, dass sein Leben zu Ende ging, dass bei seiner Beerdigungsfeier das Lied gesungen werde: „Der Mond ist aufgegangen." Ich hörte es erstaunt und ergriffen in der Fernsehsendung von der Trauerfeier. Das war, auf seine Art, so meine ich, ein Aufblick vom Staubgeist zum Sterngeist.

Leben im Jetzt macht innere Freiheit im Alter aus. Unabhängigkeit vom Wie-lange-noch.

„Schandmaulkompetenz"

Hierher gehört auch der Mut zur „Schandmaulkompetenz", von der der Philosoph Udo Marquardt einmal sprach und schrieb: Etwas auszusprechen, etwas anzustoßen wagen ohne die Angst – oder trotz der Angst, dass es auf einen zurückfallen könnte. Einmal muss es gesagt sein. Wann, wenn nicht jetzt. Udo Marquardt meinte, im Alter sei die Gefahr, dass es auf einen zurückfalle, nicht mehr so groß wie in jüngeren Jahren, da die Zeit, in der es auf einen zurückfallen könne, nur noch kurz sei.

Leben ohne Warum

Die innere Freiheit des Alters scheint letztlich auf das hinauszulaufen, was Meister Eckhart (1959) „Leben ohne Warum" genannt hat. Immer mehr das Leben als solches kostbar und lebenswert zu finden, ohne ihm erst noch einen Sonderzweck oder Sondersinn anhängen zu müssen.

Das wäre ein äußerst nützliches Signal für unsere Gesellschaft. Leben zu können und leben zu dürfen, einfach um des Lebens willen. Hierzu wieder Meister Eckhart (1959, S. 180)

Wer das Leben fragte tausend Jahr
lang: „Warum lebst du?" – könnte es
antworten, es spräche nichts anderes
als: „Ich lebe darum, daß ich lebe."
Das kommt daher, weil das Leben aus
seinem eigenen Grunde lebt und aus
seinem Eigenen quillt; darum lebt es
ohne Warum eben darin, daß es (für)
sich selbst lebt.

So spricht Meister Eckhart über „das Leben", vielmehr: So lässt er es sprechen. Sofern wir alle am Leben teilhaben, haben wir auch teil an diesem „ohne Warum" und könnten die kühne Aussage machen: „Ich lebe darum, dass ich lebe."

Aber trägt diese Antwort: „Ich lebe darum, dass ich lebe"? Trägt sie angesichts des ungeheuren Widersinns, auf den menschliches Leben in dieser Zeit – wie in Eckharts Zeit auch – immer wieder stößt und der gerade auch im Alter uns zugemutet ist? Aber nach vielem Nachdenken darüber meine ich: Diese Antwort trägt sogar besser als all die oft verkrampften Versuche, den Unsinn und Widersinn, den das Leben uns auch zumutet, und dies gerade im

Alter, jeweils einen Sondersinn abtrotzen zu wollen. Ich lebe darum, dass ich lebe. – ?

Dies spricht von einem Mehr, einem Mehr-Wert, einem Bedeutungsüberschuss des Lebens, der Teilnahme am Leben selbst gegenüber allen versuchten Sinn-Deutungen.

Welche Qualität die Wirklichkeit, am Leben teilzuhaben, bereits immer schon hat, das spüren wir im Alter in besonderer Intensität. Ist es nicht so? Wir hängen im Allgemeinen am Leben, obwohl wir uns – gerade im Alter – über vieles beklagen, was es auch mit sich bringt: gesundheitliche, wirtschaftliche Probleme, Verluste und Abschiede oft einschneidender Art. Wir haben nichtsdestotrotz so etwas wie eine „Anhänglichkeit gewonnen an diese grüne Erde", wie es der sehr alt gewordene Bernhard Shaw einmal ausdrückte. Gerade weil es in seiner zeitlichen Begrenztheit immer mehr ins Gefühl kommt, wirkt das Leben uns Alten so kostbar.

Dankbarkeit

Und es kann etwas aufkommen wie Dankbarkeit für jeden geschenkten Tag, also für heute. Ich habe nur den Moment. Es kann Dankbarkeit aufkommen für jede uns noch mögliche schöpferische Arbeit, für jede Idee, jeden Text, jedes Bild, das entsteht, jede Begegnung mit Menschen tut gut, die uns anregen, herausfordern, jede Wiederbegegnung mit Freunden vor allem tut gut.

Dies ginge mit einem grundlegend anderen Verhältnis zur Welt einher, als es die Instrumentalisierung des Lebens, die allenthalben um sich greift, uns oktroyieren will. Meister Eckhart (a. a. O.):

Wer nun einen wahrhaftigen Menschen, der aus seinem eigenen Grunde wirkt, fragte: „Warum wirkst du deine Werke?" – sollte er recht antworten, er spräche nichts anderes als: „Ich wirke darum, daß ich wirke."

Bei allem, was wirklich wichtig ist in unserem Leben, ist es doch so, dass wir es tun, auch ohne Honorar, auch ohne speziellen Dank, ohne Gegenleistung, weil es Herzensangelegenheit ist, weil es aus innerer Notwendigkeit geschieht, weil es uns unserer selbst vergewissert.

Gilt nicht für uns Alte in besonderem Maße, dass wir uns nicht mehr instrumentalisieren lassen wollen? So fragen wir nicht mehr so sehr wie vielleicht früher noch, ob unser Wirken jeweils jemandem oder auch vielen gefallen oder nützen wird – wo wir noch wirken können, quillt es aus uns selbst, aus unserem eigenen Grund.

Die Haltung, die das Leben für sich selbst stehen lässt, hat etwas von der wundersamen Freiheit, von der wir in allen Lebensphasen etwas ahnen, das uns aber in den späten Lebensabschnitten unseres Alters voll bewusst werden kann. Wir dürfen leben, um zu leben – ohne Warum. Diese Auffassung und Vorstellung macht uns frei, das zu leben, was spontan in uns leben möchte, frei für das, was in uns lebt, was aus uns heraus, aus unserem Wesen heraus leben möchte. Wir leben einfach unsere Ressourcen.

Es befreit uns z. B. zur Muße, Zeit zu haben, zum Lesen, Bilder zu betrachten, Musik zu hören, einem Chor beizutreten, was man durchaus auch als älterer Mensch noch kann. Stellt uns frei zum Philosophieren, wie wir es schon immer gerne getan hätten, aber häufig unter bisherigen Anpassungszwängen bisher zu wenig getan haben.

Authentisch sein, in Übereinstimmung mit dem, was ich bin, das ist mein Leben. Es ist höchste Erfüllung und schönste Freiheit, das zu leben, was das Leben, an dem ich teilhabe, von mir will. Das Leben könnte z. B. von mir wollen, wie es das von meiner Kollegin wollte, dass ich mich mit einer schwer erkrankten Freundin zusammentue, sie bei mir wohnen lasse, weil ich eine Zeit lang unentbehrlich für sie bin.

Das ganze Schicksal in Liebe annehmen

Es könnte aber auch einfach darum gehen, die wachsenden Einschränkungen des Alters anzunehmen, als Initiation in eine andere, eine todesnähere Form des Lebens, die wir mit unserer ganzen Generation teilen: *amor fati*. Spinoza lehrte uns, unser Schicksal in Liebe anzunehmen. Es könnte heißen, das ganze Leben leben zu wollen, nicht nur seine Licht-Seite.

Mit großem Respekt denke ich da an eine Frau, die ein Dreivierteljahr lang die Schmerzen bei einem der im Alter nicht seltenen Bandscheibenvorfälle erduldet hat mit wenig Klagen und ohne Groll. Im Bewusstsein, dass so

etwas zum Leben dazuge-
hört, auf jeden Fall dazuge-
hören kann und für Millionen
dazugehört, da wollte sie es
auch ertragen. Sie wollte für
sich keine verschonte Son-
derexistenz haben, sondern
all das durchleben, was das
Leben selbst für den Men-
schen vorgesehen hat und
ihm zumutet. Sie bejahte ein
vollständiges Leben.

Inana, die sumerische Lie-
besgöttin, wollte auch die
dunkle Seite des Lebens
kennen lernen. Immer wenn
sie an einem neuen Tor bei
einem neuen Durchgang auf
dem Weg zu ihrer dunklen
Schwester die bekümmerte
Frage stellt: „Was soll das?",
wird ihr geantwortet: „Heilige
Bräuche müssen vollzogen werden." (vgl. Riedel, 2009)

Dem Wunder des gegenwärtigen Augenblicks leise,
wie einem Vogel, die Hand hinhalten. (Adobe Stock, 227129242)

Das sind offensichtlich die „Heiligen Bräuche" auf dem Weg zur Ganzheit des Lebens,
zur Ganzheit des inneren und des äußeren
Menschen. Ich kenne inzwischen zahlreiche
Menschen, Frauen und Männer, die sich einem
schweren körperlichen Leiden mit Geduld, mit
würdiger Gelassenheit und damit einer wachsenden inneren Freiheit ausgesetzt haben, um
Milderung der Schmerzen gewiss bemüht,
aber ohne einen verzweifelten, alles bestim-
menden Abwehrkampf dagegen zu führen.

Uns Menschen ist von der Natur, vom Leben selbst eine begrenzte Lebenszeit zugeord-
net, zusammen mit allen anderen Lebewesen
auch. Dafür gehören wir in einen großen Le-
benszusammenhang, der uns auch trägt. Hier
gibt es eine große solidarische Verbundenheit
allen Lebens. Am Ende steht das Hinnehmen
des Todes, sein Annehmen, da er uns von der
Schöpfung her zugedacht ist, so dass er auch
zu ertragen sein muss. „Sterben müssen wir ja
alle, da bringt's dich auch nicht um", so meine
Großmutter, als sie dem Tod nahe war. Als sie
das sagen konnte, war sie in das Geheimnis
der Gelassenheit eingeweiht. Gelassenheit,
übrigens eine Wortprägung Meister Eckharts,
die es vor ihm in der deutschen Sprache nicht
gegeben hat.

Innere Freiheit bewährt sich in der Annahme
auch schwerer und schmerzhafter Beeinträchtigungen, da sie zum Leben gehören können.
In einer maltherapeutischen Gruppe benutzte
eine Frau zur Darstellung der schmerzenden
Körperstellen, vor allem einer Hüftluxation, das
gleiche Azurblau, das sie für den ganzen oberen Bildteil, den Himmel gleichsam, gebraucht
hatte, verstand also das ihr mitgegebene Hüft-
leiden als Teil der spirituellen Erfahrung ihres Lebens. Eine andere malte ihre kaputten
Bandscheiben zugleich als Himmelsleiter.

Wenn wir den Lebensbogen bedenken, der
uns angesichts eines noch schöpferischen
Gestaltens und Ausschöpfens der uns gege-
benen Zeit zum Loslassen auffordert, Stück
für Stück, Schritt für Schritt, so scheint es auf
das Erlernen solchen Lassens, solchen Las-
sen-Könnens anzukommen. „Gelassenheit"
scheint die Haltung zu sein, die dem Prozess
des Alterns am ehesten entspricht, einer Haltung innerer Freiheit, und so der Würde des
Alters entspricht.

Ist doch zuletzt das große Loslassen an
den Prozess des Sterbens vom Leben selbst
und von uns erwartet, letztlich ein Akt der Hingabe, des Lassens, der Gelassenheit.

Auch wenn die innere Freiheit gerade *sub
specie mortis* gewonnen wird, auch durch das
Wissen um ein Ende, sie kennt Zukunft und
enthält das Wissen um wunderbare Möglich-

keiten des ohnehin mit dem Alter als immer kostbarer empfundenen Lebens. So ist eines unter Hilde Domins Altersgedichten, die auch von der inneren Freiheit wissen, eines, das sie *Nicht müde werden* nennt. Es braucht nicht viele Worte:

Nicht müde werden
sondern dem Wunder
leise
wie einem Vogel
die Hand hinhalten

Wunder wieder für möglich zu halten, gehört auch zu den unkonventionellen inneren Freiheiten des Alters. Dass man heil davonkommen kann nach einem Unfall, sich erholen kann von einer schweren Krankheit, von einer riskanten Operation, man nimmt es eben nicht mehr selbstverständlich hin, sondern als ein wirkliches Geschenk, man spürt die Kostbarkeit des Lebens erneut und vertieft. In der inneren Freiheit des Alters rechnet man nicht mit solchen Geschenken, pocht nicht auf sie, meint nicht, sie stünden einem zu, sondern man hält sie nur nicht für unmöglich, hält ihnen leise, wie einem Vogel, der ahnungslos beschenkt werden soll, die Hand auf. Und wenn der Vogel die Hand ertastet, wenn das Wunder sich ereignet, dann nehme ich das Wunder Leben an, ohne Warum.

Noch einmal gefragt: Wenn wir uns wirklich loslassen könnten, was geschähe dann? Würden wir uns nicht verlieren? Oder würden wir vielleicht nur die Anstrengung verlieren, die es kostet, uns allezeit zu halten, alle Zeit aufrechtzuerhalten, Haltung zu bewahren? Würden wir uns nicht verlieren? Ich glaube, eher nein. Wir würden vielmehr bewusst erleben können, was uns unbewusst in all unserer Anstrengung, uns aufrecht zu erhalten, schon immer getragen hat, das Leben selbst, das unendlich viel größer und stärker ist als wir Einzelnen und das uns trägt.

Für Meister Eckhart übrigens war das Leben selbst der Name für den heute missverständlich gewordenen Namen Gott. Er war das Sinnsymbol für das große Ganze, das uns im Alter wichtiger werden kann als je zuvor in unserem Leben, als das, was uns trägt, aus dem wir nicht herausfallen, auch wenn unsere persönliche Lebenszeit zu Ende geht.

Ein Bild dafür, dass mir selbst sehr lieb ist, ist das Schwimmen im Meer. Da legen wir uns in ein Element hinein, das uns jederzeit verschlingen kann, das den Tod enthält, aber nur dann, wenn wir unsere Grenzen nicht kennen, das uns aber eine unendliche entspannte Freude und Freiheit gewähren kann: Wenn wir uns in der richtigen Weise hineinlegen, dann schwimmen wir im Leben selbst wie im Meer.

Ingrid Riedel
Prof. Dr. theol., Dr. phil., Psychotherapeutin in eigener Praxis. Dozentin und Lehranalytikerin an den C. G. Jung-Instituten Zürich und Stuttgart, Honorarprofessorin für Religionspsychologie an der Universität Frankfurt/Main.

Literatur

Heuft, K., Kruse, A. & Radebold, H. (2005). *Lehrbuch der Gerontopsychosomatik und Alterspsychotherapie.* Reinhardt.

Kruse, A. (1990). Potentiale im Alter. *Zeitschrift für Gerontologie* 29; 235-243.

Mayer, K. U.; Baltes P. B. (1999). *Die Berliner Altersstudie.* Akademie Verlag.

Meister Eckhart (1959). *Deutsche Predigten und Traktate.* Herausgegeben und übersetzt von Josef Quint.

Riedel, I. (2009). *Die innere Freiheit des Alters.* Walter.

Rosenmeyer, I. (1990). *Kräfte des Alterns.* Akademie-Verlag.

Erinnerungen helfen leben

Gabriele Bensberg
Irene Berkenbusch-Erbe

Gerade in einer Welt, die wie zurzeit derart viele Katastrophen erlebt, ist es wichtig, vielleicht sogar überlebenswichtig, die Frage nach persönlichen, aber auch gesellschaftlichen Ressourcen zu stellen. Viele Ressourcen berühren dabei den Bereich der Erinnerung, indem sie weit in die Vergangenheit, die eigene, familiäre und auch kollektive, zurückreichen. In unserer Publikation *Erinnerungen helfen leben* verbinden wir diese Aspekte miteinander.

Die Psyche stärkende Erinnerungen
Zu jenen Erinnerungen, die eine Ressource bilden, gehören u. a. allgemeine Lebensweisheiten, die einem in der Kindheit und Jugend vermittelt wurden und an die man sich hin und wieder erinnert, zum Beispiel:

- Nicht für die Schule, sondern für das Leben lernen wir.
- Schick dich in die Welt hinein, denn dein Kopf ist viel zu klein, als dass sich schickt die Welt hinein.

Solche verbalen Botschaften, die wir für unser eigenes Leben als hilfreich erachten, lassen sich gezielt als Ressource nutzen, indem man sie zum Beispiel als Monats- oder Jahresmotto in seinen Kalender einträgt oder als Motto über den Schreibtisch hängt.

Die Sprache hat sich in der menschlichen Evolution erst sehr spät entwickelt, so dass es nicht verwunderlich ist, dass das menschliche Gedächtnis primär mit Bildern arbeitet und sich der Satz „Ein Bild sagt mehr als tausend Worte" auch in neueren, empirischen Forschungen als zutreffend erweist. Von daher überrascht es nicht, dass Symbole auch in unserer modernen Zeit für viele Menschen eine bedeutsame Rolle spielen, und zwar sowohl solche, die typisch für einen bestimmten Kulturkreis sind und weit in die Vergangenheit zurückreichen wie das christlichen Kreuz oder die Chamsa, die Schutzhand Gottes, die sowohl im islamischen wie jüdischen Kulturkreis ein beliebtes Symbol ist, das u. a. als Anhänger an einer Kette getragen wird.

Wichtiger aber noch sind die persönlichen Symbole, die uns an Bezugspersonen oder Erfahrungen erinnern, die für das persönliche Leben bedeutsam waren, etwa Momente, in denen wir sehr glücklich gewesen sind. Solche Symbole können sein:

- Ein Ring, den einst die geliebte Großmutter trug.
- Eine Muschel von dem Strand, an dem man mit seiner ersten großen Liebe Händchen haltend entlanggeschlendert ist.

Diese Symbole aus der Vergangenheit, die zur Stärkung der eigenen Psyche beitragen, lassen sich gezielt nutzen, indem man ihnen bewusst einen Platz in seinem gegenwärtigen Leben einräumt, also den Ring häufig trägt und damit die innere Bindung an die Großmutter stärkt, und der Muschel einen Ehrenplatz in der Wohnung einräumt oder sie als Hintergrundbild für den PC nutzt. Auf diese Weise holt man die Vergangenheit mit ihren Erinnerungen fiktional in die Gegenwart hinein.

Man kann aber auch eine reale Zeitreise antreten, indem man bestimmte Orte besucht, die mit wichtigen Erfahrungen verbunden sind, und daraus stärkende Effekte bezieht. Dabei kann es sich sowohl lohnen, einen Ort zu besuchen, an dem man einmal sehr glücklich war, als auch eine Reise zu einem Ort anzutreten, an dem man sehr unglücklich gewesen ist oder eine schwere Niederlage hinnehmen musste.

In unserem Buch sprechen wir in diesem Zusammenhang von Sehnsuchts- und Verzweiflungsorten. Sehnsuchtsorte sind meist gleichbedeutend mit Heimat; für viele ist das Elternhaus als geschützter Raum, der Gebor-

Foto: AdobeStock 201455172

genheit vermittelte, ein solcher Sehnsuchtsort. Für andere ist es vielleicht die Kapelle, in der man geheiratet hat. Verzweiflungsorte sind hingegen Orte, die man mit dunklen Stunden in seinem Leben in Verbindung bringt, z. B. das Schul- oder Universitätsgebäude, in dem man eine wichtige Prüfung nicht bestanden hat, oder das Krankenhaus, in dem ein geliebter Mensch gestorben ist. Beide Orte zu besuchen, kann die Psyche stärken und sich als Ressource erweisen. Bei den Sehnsuchtsorten ergibt sich der Zusammenhang von selbst, aber auch die Verzweiflungsorte tragen dieses Potenzial in sich, denn wir haben diese dunklen Stunden schließlich überlebt, diese Orte haben nicht vermocht, uns innerlich zu brechen. Die Prüfung konnten wir wiederholen, den Tod eines geliebten Menschen haben wir innerlich verarbeitet, ohne darüber in Verzweiflung zu geraten.

Das Überleben fördernde Erinnerungen
Dass die Psyche eine beträchtliche Rolle spielt, wenn es darum geht, schwere Erkrankungen zu überleben, ist ein altbekanntes Phänomen, das schon Thomas Mann in seinem Roman *Buddenbrooks* erwähnt. Der kleine Hanno, ein „Sorgenkind des Lebens", ergreift beinahe dankbar die Hand des Todes, als er an Typhus erkrankt, da ihm vor dem Leben mit all seinen Anforderungen schaudert. Mittlerweile existiert für das Vorhandensein von Zusammenhängen zwischen Psyche und Überleben auch im Rahmen hirnphysiologischer Forschungen empirische Evidenz.

Welche Erinnerungen aber erhöhen die Chance, in lebensbedrohlichen, verzweifelten Situationen zu überleben? Hier sind vor allem zwei Bindungsinhalte wesentlich, die ihre Entstehung in der Vergangenheit haben: Die Liebe zu einem Menschen und die Verpflichtung gegenüber einem Werk.

In unserem Buch erwähnen wir Eva Mozes Kor, die in Auschwitz zusammen mit ihrer Zwillingsschwester Opfer der unmenschlichen Experimente Josef Mengeles war. Sie hatte nach der Ankunft in Auschwitz das Gelübde abgelegt, alles zu tun, damit sie und ihre geliebte Schwester das Lager lebend wieder verlassen. Und diesem Versprechen, das sie sich selbst gegeben hatte, fühlte sie sich verpflichtet und erinnerte sich auch in den dunkelsten Stunden daran. Sie aktivierte auf diese Weise ihre physische Widerstandskraft und überlebte wohl auch deshalb, weil sie wusste, dass ihre Zwillingsschwester sofort getötet würde, wenn sie selbst sterben sollte.

Viktor E. Frankl, der Begründer der Logotherapie, war ebenfalls in Auschwitz inhaftiert und stellte fest, dass jene Insassen, die ein „Giving-up-Syndrom" zeigten, sehr viel schneller starben als jene, die sich einem Menschen bzw. einem Werk verbunden hatten. Frankl selbst verlor bei der Ankunft in Auschwitz das Manuskript seines Buches *Ärztliche Seelsorge*, das er in seinen Mantel eingenäht hatte. Er fühlte sich diesem Buch aber verpflichtet und war entschlossen, alles daran zu setzen, damit es irgendwann publiziert werden konnte. In seinen Lebenserinnerungen schreibt er, dass er überzeugt sei, sein Leben nur diesem Manuskript zu verdanken. Als er schwer an einer Fleckfieber-Infektion erkrankte, bei der man nicht einschlafen darf, da dann die Gefahr eines Gefäßkollapses besteht, begann er hoch fiebernd, mit einem Bleistiftstummel auf altem Papier Stichworte aus der Erinnerung zu diesem Manuskript zu notieren, um es zu rekonstruieren.

Erinnerungen an familiäre Aufträge als Ressource

Für ein stabiles Ich-Gefühl brauchen wir gute soziale Einbindungen und ein tragfähiges Beziehungsnetzwerk. Primär prägend ist für uns unsere Herkunftsfamilie, deren Leistungen, Werte und Lebensziele.

Dass sich in bestimmten Familien spezifische Begabungen häufen, ist schon lange bekannt. In unserem Buch erwähnen wir die Familie der Nobelpreisträger Marie und Pierre Curie, die über vier Generationen hinweg überragende Naturwissenschaftler hervorgebracht hat. In anderen Familien häufen sich künstlerische bzw. musische Talente.

An derartige Begabungen oder besondere familiäre Leistungen knüpfen sich oft familiäre Aufträge, deren verbale und non-verbale Botschaften, die wir von den Eltern oder unseren Ahnen erhalten, stabilisierend oder auch destabilisierend sein können. Sie werden teils bewusst, teils unbewusst an uns weitergegeben. Ein solcher Auftrag kann, offen ausgesprochen oder subtil vermittelt, lauten:

Werde so wie wir!
- Führe unser Familienunternehmen weiter!
- Werde auch du ein überragender Künstler!

Die Erinnerung an diese Aufträge kann wie ein Leitstern über dem eigenen Leben stehen und die Bindung an die Herkunftsfamilie und die eigenen Vorfahren intensivieren, allerdings nur dann, wenn die eigenen Anlagen, Interessen und Ziele mit den Traditionen der Herkunftsfamilie übereinstimmen.

Aber was ist mit jenen, die aus einer Familie herausfallen – Schafe so schwarz wie die Nacht –, die innerhalb einer Familie fremd erscheinen und daher oft auf Unverständnis oder massive Ablehnung stoßen? Es sind Kinder, die, so die Psychotherapeutin Bärbel Wardetzki, wie Schneewittchen weiß-rot-schwarz sein sollten, aber blau-gepunktet zur Welt kommen. Welche Erinnerungen nutzen sie als Ressource?

Zum Teil erhalten auch sie Aufträge, zum Beispiel von außerfamiliären Bezugspersonen oder von Verwandten, die nicht zur Kernfamilie gehören, zum Teil orientieren sie sich an Größen aus der Literatur oder Politik und machen sich deren Lebensmotto zu eigen bzw. versuchen, einen ähnlichen Weg zu gehen. Für Johannes R. Becher etwa, einer der bedeutendsten expressionistischen Schriftsteller, der sich zum Entsetzen seines Vaters schon als Jugendlicher zum Dichter berufen fühlte und später mit seiner Herkunftsfamilie völlig brach, war Heinrich von Kleist ein großes Vorbild, mit dem er sich in jungen Jahren weitgehend identifizierte.

Wer mehr über familiäre Ressourcen erfahren will, sollte ein Familiengenogramm erstellen, das die Erkenntnisse über die eigene Person manchmal in überraschender Weise erweitern kann. Ein Genogramm geht weit über das Erstellen eines Familienstammbaums hinaus, da man besondere Charakteristika einzelner Personen und sich wiederholende Beziehungsmuster abbilden kann. Mittlerweile gibt es PC-Programme, die das Erstellen eines familiären Genogramms erleichtern. Vielleicht entdecken Sie ja innere Verbindungen mit einem schwarzen Schaf in der eigenen Familie und entschließen sich, die Erinnerung an diese Person künftig zu pflegen und auf diese Weise auch ihr eigenes Selbst zu erweitern.

Erinnerungskultur als Ressource

Der Mensch ist weder nur Einzelindividuum oder Teil einer bestimmten Familie, sondern jeder von uns ist auch ein homo sociologicus. Gesellschaftliche sowie historische Prozesse bilden ein kollektives Umfeld, in das der Mensch eingebettet ist, wodurch ihm auch außerhalb der Familie das lebensnotwendige Gefühl der Zugehörigkeit vermittelt wird, und das – mehr noch – auch sein kollektives Unbewusstes prägt.

Vom Zustand einer Gesellschaft bzw. der Verfasstheit eines Staates hängt maßgeblich ab, inwieweit der Einzelne Ressourcen entfalten und nutzen kann. Selbstverständlich fördern Gesellschaften, die demokratisch organisiert sind, dem Individuum weitgehende Freiheiten zubilligen und auf einer nicht willkürlichen, sondern aufgrund eines Gesellschaftsvertrags zustande gekommenen Rechtsbasis beruhen, Ressourcen am ehesten.

Die eigene Geschichte ist aber immer auch abhängig von dem, was zuvor geschehen ist, und zwar nicht nur in dem jeweiligen persönlichen Leben, sondern auch historisch und gesellschaftlich. Daher ist es wichtig, im Rahmen einer Erinnerungskultur Formen des Gedenkens zu finden wie etwa wichtige Gedenktage, Bauten, Monumente und Denkmäler, die uns bedeutsame historische und kulturelle Ereignisse immer wieder ins Gedächtnis bringen.

Wenn wir von Ressourcen sprechen, die hilfreich und stärkend wirken können, indem wir uns z. B. als Teil einer größeren Einheit erleben, fassen wir selbstverständlich eher die positiven Ereignisse ins Auge.

Die Erinnerungskultur ist sich jedoch bewusst, dass nicht nur die positiven, sondern auch die negativen Ereignisse in das persönliche und kollektive Selbstbild aufzunehmen sind, um sich der eigenen und der Wahrheit einer ganzen Nation zu stellen und den Blick für Umbrüche, die nicht in das gängige Geschichtsbild passen, zu bewahren. So erinnert z. B. die 1992 begonnene Stolperstein-Aktion des Kölner Künstlers Gunter Demning bis heute an die Verfolgten und Ermordeten des nationalsozialistischen Regimes.

C. G. Jung spricht vom persönlichen sowie vom kollektiven Schatten, all das, was wir ungern wahrnehmen und anderen von uns nicht zeigen wollen. Er sieht es aber als Lebensaufgabe an, sich diesem persönlichen und kollektiven Schatten zu stellen und ihn gleichsam ins Bewusstsein hineinzunehmen. Nur die sogenannte Integration des Schattens führt zu einem tragfähigen Ich-Bewusstsein. Auch Schatteninhalte können Ressourcen darstellen, weil darin oft Kräfte der Überwindung, Selbstbehauptung und Kreativität enthalten sind.

Es geht bei alldem um das Thema der persönlichen und der nationalen Identität, deren Bewusstsein eine Ressource darstellt. Inzwischen geht es aber auch um die Entwicklung eines europäischen Geschichtsbewusstseins und einer übernationalen Erinnerungskultur. Als Kitt für das Bewusstsein einer gemeinsamen Kulturgemeinschaft kann sie nur dann dienen, wenn die Licht- wie Schattenseiten der jeweils eigenen Vergangenheit ihrer Mitglieder widergespiegelt werden.

Pflege von Erinnerungen

Um die eigenen inneren Ressourcen nicht zu vergessen, ist es hilfreich, positive Erfahrungen, z. B. von ermutigendem Zuspruch anderer oder von Erfolgen in einem Tagebuch oder in einem Buch über persönliche Gedanken festzuhalten.

Stärkende und bestätigende Eindrücke können manchmal Fotos aus der Kindheit vermitteln; sich hinein zu vertiefen in ein Foto der oder des Fünfjährigen und dem nachzuspüren, was sie oder er wohl in diesem Alter gedacht, empfunden oder schon erlebt hat. Was ist in diesem Kind an Erwartungen an das Leben vorgegangen, und spüre ich das heute als Schatz noch in mir und sollte es weiter entfalten? Dies kann die Identität zwischen dem aktuellen Ich in der Jetztzeit und dem Ichzustand der Vergangenheit und damit ein Vordringen zum eigenen innersten Wesenskern erfahrbar machen.

Es gibt unterschiedliche Möglichkeiten, stärkende Ressourcen zu pflegen:

• Tagebuch schreiben und auch ältere Passagen immer wieder einmal lesen, wobei eventuell Freude über inzwischen bewältigte Schwierigkeiten entstehen kann.

• Brief an sich selbst schreiben mit momentanen Gefühlen und Vorstellungen für die Zukunft.

- Alte Fotoalben anschauen und sich durch lebensvolle Bilder, die Stimmungen und Gefühle von damals, für die Gegenwart inspirieren und ermutigen lassen

- Erfolge visualisieren, indem Dokumente über bestandene Prüfungen und erhaltene Diplome nicht nur bewahrt, sondern gerahmt und aufgehängt werden.

- Erfolge im zwischenmenschlichen Bereich bewusst wahrnehmen, zum Beispiel die Erneuerung einer alten Schulfreundschaft oder der Dankesbrief von jemandem, dem man einmal zur Seite gestanden hat.

Zusätzlich können diese Fragen hilfreich sein: Welche Erinnerungen sind für mich besonders wertvoll? Welche Erinnerungen sind eine Quelle der Freude? Welche Erinnerungen sind eine Quelle der Kraft?

Heben wir den wahren Schatz an wertvollen Impulsen, um dem Vergessen entgegenzuwirken und dabei nicht nur auf die negativen, sondern vor allem auch auf die positiven Erinnerungen zu achten.

Literatur

Frankl, V. E. (2012). *... trotzdem Ja zum Leben sagen. Ein Psychologe erlebt das Konzentrationslager.* 4. Aufl. München.

Gabriele Bensberg
Dr., Diplom-Psychologin, ehem. Leiterin der Psychologischen Beratungsstelle für Studierende in Mannheim. Autorin von wissenschaftlichen Beiträgen, belletristischen Werken und mehreren psychologischen Ratgebern, die sich an Studierende wenden.

Irene Berkenbusch-Erbe
Dr. phil., Analytische Psychologin (DGAP, IAAP), Dozentin und Lehranalytikerin am ISAP Zürich und am C. G. Jung-Institut Stuttgart. Arbeit in freier Praxis in Ludwigshafen a. Rhein. Veröffentlichungen auf psychologischem und literarischem Gebiet.

G. Bensberg, I. Berkenbusch-Erbe

Erinnerungen helfen leben

Hebe den Schatz Deiner Erinnerungen
opus magnum 2022, 200 S.,
€ 19,00; ISBN 978-3956120367

Erinnerungen können sehr belastend sein, aber es gibt zu ihrer Bewältigung wirkungsvolle therapeutische Ansätze und effiziente psychologische Strategien, die im Rahmen des Buches vorgestellt werden. Andere Erinnerungen machen uns stark und können in lebensbedrohlichen Extremsituationen unseren Überlebenswillen stärken. Wissenschaftliche Forschungsergebnisse, Erfahrungsberichte zu den einzelnen Themen und interessante Impulse für den Leser wechseln einander ab.

ressourcen

Was sind Ressourcen? (6)

**ChatGPT meint auf die Frage
„Können Psychedelika
therapeutisch hilfreich sein?"
(März 2023):**

Ja, es gibt zunehmend Hinweise darauf, dass Psychedelika in therapeutischen Anwendungen hilfreich sein können. In den letzten Jahren hat es eine Wiederbelebung des Interesses an der Erforschung der therapeutischen Wirkungen von Psychedelika gegeben, insbesondere in Bezug auf ihre mögliche Verwendung bei der Behandlung von psychischen Störungen wie Angstzuständen, Depressionen und posttraumatischen Belastungsstörungen (PTBS).

In klinischen Studien wurden Psychedelika wie Psilocybin, LSD und MDMA verwendet, um diese Erkrankungen zu behandeln. Es gibt Hinweise darauf, dass diese Substanzen dazu beitragen können, das Bewusstsein zu erweitern, das emotionale Wohlbefinden zu verbessern und eine positive Wahrnehmung der Welt zu fördern. Die therapeutische Anwendung von Psychedelika erfolgt jedoch immer unter strenger ärztlicher Aufsicht und in einer kontrollierten Umgebung.

Es ist wichtig zu betonen, dass die Verwendung von Psychedelika nicht für jedermann geeignet ist und dass es potenzielle Risiken und Nebenwirkungen gibt. Personen, die sich für eine psychedelische Therapie interessieren, sollten dies mit einem qualifizierten Fachmann besprechen und sich gründlich über die möglichen Auswirkungen und Vorsichtsmaßnahmen informieren.

LSD (Lysergsäurediethylamid) ist eine synthetische Substanz, die eine starke Wirkung auf das zentrale Nervensystem hat und als psychedelisches Halluzinogen gilt. LSD verändert die Wahrnehmung von Zeit, Raum und Realität und kann zu intensiven visuellen und emotionalen Erfahrungen führen.

Obwohl LSD als potenziell gefährliche Droge gilt und häufig als Freizeitdroge missbraucht wird, gibt es auch Forschungen, die zeigen, dass LSD psychotherapeutisch von Nutzen sein kann. In den 1950er und 1960er Jahren wurde LSD in der psychotherapeutischen Praxis häufig eingesetzt, bevor es aufgrund von gesetzlichen Einschränkungen und öffentlicher Besorgnis verboten wurde. In den letzten Jahren ist das Interesse an der therapeutischen Anwendung von LSD jedoch wieder gestiegen.

Eine aktuelle Forschung untersucht die Verwendung von LSD zur Behandlung von Depressionen, Angststörungen, posttraumatischen Belastungsstörungen (PTBS) und Suchterkrankungen. Es gibt auch Studien, die darauf hinweisen, dass LSD helfen kann, die Kreativität zu fördern und spirituelle Erfahrungen zu erleben.

Die therapeutischen Wirkungen von LSD werden hauptsächlich auf seine Fähigkeit zurückgeführt, das Bewusstsein und das Unbewusste zu öffnen und tiefe emotionale Erfahrungen zu ermöglichen. LSD kann dazu beitragen, die Angst und die Hemmungen des Patienten abzubauen und eine erweiterte Wahrnehmung und Einsicht zu schaffen, die es dem Patienten ermöglicht, negative Erfahrungen und Muster zu überwinden.

Es ist jedoch wichtig zu beachten, dass die therapeutische Verwendung von LSD in der Regel unter der Aufsicht eines erfahrenen Therapeuten in einer kontrollierten Umgebung erfolgt, um sicherzustellen, dass der Patient sicher ist und die bestmögliche Behandlung erhält. Darüber hinaus ist LSD eine starke und potenziell gefährliche Substanz, und es ist wichtig, dass sie nur von geschultem Fachpersonal verabreicht wird.

Psychedelische Erfahrungen

Fabio Coviello

C. G. Jung und seine Nachfolger haben eine Psychotherapie entwickelt, welche die Ausdrucksmöglichkeiten des Unbewussten als wichtige Ressource ansieht. Obwohl Jung gegenüber Psychedelika (psychedelisch, zusammengesetzt aus altgriechisch psyché für „Seele" und délos für „offenbar") kritisch eingestellt war, zeigt die jüngste Psychotherapie-Forschung, dass diese Substanzen das Potenzial haben, unbewusste Ressourcen in hohem Maße auszudrücken und zu nutzen. Damit scheint sich die psychedelische Psychotherapie mit den psychotherapeutischen Konzepten von C. G. Jung verbinden zu lassen.

Gregor Hasler hat in seinem Buch *Higher Self* die Wirkfaktoren der Psychotherapie mit Psychedelika zusammengefasst und dabei seine wichtigsten Thesen auf Jungs Analytischer Psychologie fundiert. Jungs Begriffe des SELBST und der archetypischen Inhalte des kollektiven Unbewussten eignen sich gut, psychedelische Zustände zu beschreiben und zu verstehen. Diese Aspekte der Psyche, die die Weisheit und das Wissen jedes Individuums übersteigen, waren für Jung die zentralen Ressourcen, die eigentliche Quelle der Heilung und Antrieb für den Individuationsprozess. Denselben Kräften begegnet man auch in psychedelischen Zuständen. Die dabei oft induzierten mystischen Erfahrungen führen gemäß neuen Studien zum Anstoß eines reichhaltigen inneren Heilungsprozesses, der Patienten noch lange nach der akuten Erfahrung begleiten kann.

Visionen, Träume und Symbole spielen in der Analytischen Psychologie eine wichtige Rolle als Ressourcen. In *Der Mensch und seine Symbole* schreibt Jung *(1998, S. 52)*:

Um der geistigen Stabilität und auch um der physiologischen Gesundheit willen müssen das Unbewusste und das Bewusstsein miteinander verbunden funktionieren. Werden sie voneinander getrennt oder ‚dissoziiert', dann ergibt sich eine psychische Störung.

Eine psychedelische „Reise" in das Unbewusste kann dazu führen, dass unbewusste Inhalte bewusst gemacht und anschließend in den Alltag integriert werden können. Das Wort „Integration" stammt vom lateinischen Verb „integrare" ab, was „ganzmachen", „auffrischen", „ergänzen" und „erneuern" bedeutet. Diese „Ganzmachung" geschieht jedoch nicht während der akuten Wirkung, sondern in den Wochen und Monaten nach der Erfahrung. Neue Inhalte und Symbole treten oft auch noch später auf. Viele Psychonauten – so nennt man die „Reisenden" ins Unbewusste – berichten von weiteren leb- und bildhaften Träumen in den Wochen und Monaten nach der Rückkehr (Amara, 2021).

In Manualen zur psychedelischen Psychotherapie wird ein solcher „Trip" auch als ein Flug beschrieben, wobei der Patient die Rolle des Piloten und der Therapeut die eines Flugbegleiters einnimmt. Auch spricht man oft von der Analogie des Tauchens, Bergsteigens oder sogar Gebärens.

Helioskopeffekt

Die Psychedelika haben zudem viele Wirkungen, welche einerseits für die Sicherheit der Reisenden sorgen und andererseits ihre Abwehrkräfte oder Resilienz stärken. In *Higher Self* nennt Hasler die Schutzwirkung von Psychedlika den „Helioskopeffekt", der vom Helioskop, also dem Sonnenteleskop abgeleitet ist. Man kann sich dieses Instrument als ein Teleskop mit Sonnenbrille vorstellen, welches die Sonnenbetrachter vor der direkten Strahlung schützt. In diesem Vergleich bezieht sich die Sonne auf „heißes" unbewusstes Material. Eine Reise in die Seele und das direkte Hinschauen bergen im therapeutischen Kontext oft ein gewisses Risiko, von unbewusstem Material überschwemmt zu werden. Vor allem konfrontative Psychotherapiemethoden, aber auch ganz konventionelle Gesprächstherapien sind deshalb immer mit einem gewissen Risiko für Retraumatisierung verbunden. Erstaunlicherweise tritt dies in Psychotherapienstudien mit Psychedelika seltener auf. Manchen Traumapatienten sind unbewusste Inhalte schwer oder kaum erträglich. Der Helioskopeffekt, der den psychedelischen Substanzen innewohnt, bietet einen schützenden Filter vor Retraumatisierung. Dank ihm können Patienten ihr Trauma wie durch eine Sonnenbrille erforschen und verarbeiten, ohne dabei überfordert zu werden. Das Manual zur MDMA-gestützten Psychotherapie bei posttraumatischen Belastungsstörungen enthält eine gute Beschreibung des Helioskopeffekts:

> *Eine der Qualitäten von MDMA ist, dass es leichter ist, sich den Erinnerungen zu stellen und nicht überwältigt zu werden und sie und die schmerzhaften Emotionen tatsächlich auf eine Art und Weise zu verarbeiten, die eher heilend als retraumatisierend ist [...].*
> (Mithoefer, 2015, S. 29)

Positivitätseffekt

Ein weiterer psychedelischer Effekt, der für die Resilienz bedeutsam und mit dem Helioskopeffekt verwandt ist, ist gemäß Hasler der „Positivitätseffekt". Bereits die Schamanen wussten durch die Anwendung von Peyote, Iboga, Ayahuasca und anderen Pflanzen, dass veränderte Bewusstseinszustände genutzt werden können, um die Resilienz zu stärken und Selbstheilungskräfte zu stimulieren. Die durch Pflanzen – aber auch andere schamanischen-Methoden – hervorgerufenen Zustände waren und sind geprägt durch Ekstase, Leicht- und Lichtwerden, Visionen sowie Ursprungs- und Zentrierungserfahrungen (Hasler, 2022).

Der psychedelische Positivitätseffekt wird oft als eine tiefgreifende, ganzheitliche, körperliche und transformative Erfahrung erlebt. Diese hallt meist Wochen und Monate später nach und führt im Alltag zu einer Zunahme von Freude, Interesse, Dankbarkeit, Hoffnung und Liebe. Der Positivitätseffekt umfasst beispielsweise die Freude an simplen Dingen (Epikur-Phänomen), die Freude, weil man etwas gern macht (Entelechie-Phänomen) oder die Steigerung der psychisch-körperlichen Energie (Kundalini-Phänomen).

Jung beschrieb das Entelechie-Phänomen in seiner Kundalini-Vortragsreihe als wichtige Ressource für ein Kundalini-Erwachen:

> *Sehen Sie, es ist äußerst wichtig, auf dieser Welt zu sein, die eigene Entelechie wirklich zu erfüllen, den Keim des Lebens, der man ist. Sonst können Sie die Kundalini niemals in Bewegung setzen, Sie können sich nicht loslösen. Sie werden einfach zurückgeworfen, und nichts ist geschehen – die Erfahrung war absolut wertlos.*
> (Jung, 1968, S. 90)

Und er schreibt weiter über das Leben nach einem Kundalini-Erwachen als profunde Erfahrung:

> *Es ist etwas ganz anderes, wenn ein Mensch sein Erdenleben lebt, nachdem er die Kundalini erweckt hat. Es mag so aussehen, als sei es dasselbe, aber es ist vollkommen anders als seine früheren Erfahrungen – es ist ein ganz neuer Zustand.*
> (Jung, 1968, S. 163)

Der Positivitätseffekt mag ein Grund dafür sein, weshalb einige Studienteilnehmer nach einer psychedelischen Erfahrung von einer „Wiedergeburt" sprechen.

Zwei Drittel der Teilnehmer einer Psilocybinstudie an der Johns Hopkins University zählen die Erfahrung selbst zu den fünf bedeutsamsten Erfahrungen ihres Lebens, ein Drittel gar als die bedeutsamste Erfahrung überhaupt. Sie berichten über signifikante „Verbesserungen des persönlichen Wohlbefindens und ihrer Lebenszufriedenheit" sowie über positive Verhaltensveränderungen, die auch von ihrem persönlichen Umfeld bemerkt wurden (Griffiths et al., 2008).

In einer Gesellschaft und Zeit, in der viele Menschen – zumindest im Westen – über Sinnlosigkeit klagen, fehlt ein wichtiger Grundpfeiler der Resilienz. Eine Zunahme von Sinn und Bedeutung durch außerordentliche Erfahrungen kann vielen eine neue Perspektive in einer aussichtslos scheinenden Situation bieten.

Und auch wenn das Lebensende bereits nahe ist – beispielsweise durch eine schwere Krebserkrankung – können Psychedelika die Sterbebegleitung verbessern. Eine Placebokontrollierte Psilocybinstudie mit Krebspatienten führte bei den meisten Patienten zu einer

Neuinterpretation der Sonnenbarke mit dem Meerdrachen Apophis, erstellt mit dem künstlichen Netzwerk „Midjourney", nach einem Bild von C. G. Jung. Künstlerin: Lerie Pemanagpo (2023), www.pemanagpo.com

deutlichen und nachhaltigen Abnahme von Todesangst und depressiver Verstimmung (Griffiths et al., 2016).

Offenbarungseffekt

Diese bedeutsamen Verbesserungen durch Psychedelika kann man unter anderem mit dem von Hasler postulierten „Offenbarungseffekt" erklären. In einem weiteren Sinn ist damit eine tiefgründige spirituelle Erfahrung gemeint, die das Leben nachhaltig verändern kann. In einem engeren Sinn kann damit aber auch nur ein simples Verstehen der eigenen Lebensumstände als Offenbarung des Offensichtlichen gemeint sein – „Offenbarung" daher, weil das Wissen nicht eigentlich neu, sondern „offensichtlich" ist, aber vorher noch nie aus dieser Perspektive betrachtet worden war. Der Bestsellerautor Michael Pollan schreibt, dass Psychedelika „ein Studium des Offensichtlichen" anbieten (Pollan, 2019, S. 64).

Der psychedelische Offenbarungseffekt weist auf einfach und natürlich vorhandene Dinge hin und macht diese bedeutsam und körperlich spürbar. Neue Bedeutung wird also geschaffen, indem sie erkannt wird. Die Autorin Katherine May (2023) schreibt:

Unser Gefühl der Verzauberung wird nicht nur durch große Dinge ausgelöst, das Erhabene versteckt sich nicht in fernen Landschaften, das Ehrfurcht Gebietende, das Numinose ist überall um uns herum, die ganze Zeit. Es wird durch unsere bewusste Aufmerksamkeit verwandelt. Es wird erst wertvoll, wenn wir ihm eine Bedeutung geben.

Archetypeneffekt

Zudem sind in psychedelischen Erfahrungen nicht nur persönliche, sondern auch überpersönliche Sinnerfahrungen häufig. Höhere Bedeutung wird nämlich oft mit größeren Zeiträumen in Verbindung gebracht. „Ewige Wahrheiten" erleben wir dabei als besonders bedeutsam. Religionen bieten einen solchen ewigen Zeithorizont und können damit alltägliche Situationen und Beziehungen wieder in einen zeitlich größeren Kontext stellen. Diesen Mechanismus nennt Hasler auf der Basis von

Jungs Analytischer Psychologie den Archetypeneffekt, welcher alltäglichen Ereignissen eine sinnhafte Rolle in einem großen Ganzen verleiht (Hasler, 2022).

Jung (1998) diagnostizierte den Bedeutungsverlust bereits zu seiner Zeit. Er schrieb:

Weil wir in unserem zivilisierten Leben so viele Ideen ihrer emotionalen Energie beraubt haben, reagieren wir nicht mehr wirklich auf sie. [...] In diesem zivilisatorischen Prozess haben wir unser Bewusstsein zunehmend von den tieferen instinktiven Schichten der menschlichen Psyche und letztlich sogar von der körperlichen Grundlage psychischer Phänomene getrennt.

Es ist denn auch diese Bewusstseinsspaltung, welche die Archetypen zyklisch versuchen aufzulösen. Durch den Archetyp verbinden wir uns mit einem überpersönlichen und zeitlosen Ursprung.

Moderat- und hochdosierte psychedelische Erfahrungen und die damit verbundenen mystischen Zustände führen zu einer Verlangsamung bis gänzlichen Aufhebung des Zeitgefühls. Der psychedelische Archetypeneffekt führt in eine zyklische Zeit und offenbart damit den zeitlosen Ursprung. Durch die verbindende Wirkung der Psychedelika wird ein Gefühl der Einheit und Universalität hergestellt. Dieser Zustand bietet das Potenzial, die Spaltung des Bewusstseins aufzulösen.

Für die therapeutische Praxis bedeutet dies, dass psychedelische Effekte – im Buch *Higher Self* sind 16 davon beschrieben – zusammen ein mächtiges Netzwerk von Katalysatoren bilden, welche tief verborgene innere Ressourcen der Patienten aktivieren können. Der psychedelische „Visionseffekt" beispielsweise ermöglicht es, unbewusste Bilder und Symbole sichtbar zu machen. Viele der subakuten Effekte, die oftmals noch Wochen nachhallen können, unterstützen die Reisenden bei der Eingliederung der Inhalte in den Alltag. Visionen und sinnhafte Erfahrungen helfen uns ferner auch, großes Leid zu ertragen, das zu schwer ist für das rationale Denken.

Eine psychedelische Psychotherapie wird unweigerlich solche leidvollen Inhalte und Anteile ins Bewusstsein holen. Die psychedelische Erfahrung an sich bietet jedoch nur den direkten Kontakt mit dem Unbewussten sowie die zuvor genannten Sicherheitsmaßnahmen.

Die Integration der Bilder und Inhalte ist die eigentliche therapeutische Arbeit, die, wie bei vergleichbaren Psychotherapien auch, Jahre dauern kann. Dies geschieht gemäß Hasler durch den psychedelischen „Alchemieeffekt", welcher im Kern die Analytische Psychotherapie darstellt und als Ziel die Zentrierung der Persönlichkeit auf einer höheren Ebene hat (Hasler, 2022, 248 ff.). Jung selbst war dem Gebrauch psychedelischer Substanzen gegenüber skeptisch. Die Einladung des Meskalinforschers A. Hubbard zum Beitrag in einer seiner Studien lehnte er am 15. Februar 1955 ab:

In Bezug auf die praktische und mehr oder weniger allgemeine Anwendung von Meskalin hege ich jedoch gewisse Zweifel und Bedenken. Die analytische Methode der Psychotherapie (z. B. „aktive Imagination") kommt zu sehr ähnlichen Ergebnissen, nämlich zur vollen Bewußtmachung der Komplexe, zu numinosen Träumen und Visionen. Im Lauf der Behandlung ereignen sich die Phänomene im richtigen Zeitpunkt; Meskalin enthüllt jedoch diese seelischen Inhalte zu irgendeiner Zeit, wobei die Reife, die ihre Integration erfordert, noch keineswegs gewährleistet ist. [...] Meskalin ist eine Abkürzung, weshalb es zu überwältigenden ästhetischen Eindrücken kommen kann, doch bleibt es bei der isolierten, nicht integrierten Erfahrung, die die Entwicklung der menschlichen Persönlichkeit kaum fördert.
(Jung, 1972, 455 f.)

Eine von Jung genannte ästhetische Erfahrung bieten vor allem die serotonergen Psychedelika wie z.B. Lysergsäurediethylamid (LSD), Psilocybin oder Meskalin. Erfahrene Psychonauten wissen aber auch um – und fürchten oftmals – die Tatsache, dass nicht nur die visuelle Wahrnehmung sich für ein paar Stunden fundamental verändern kann, sondern vor allem auch ein enorm herausfordernder innerer Prozess angestoßen wird. Spätestens beim Einsetzen der akuten Wirkung wird einem bewusst, welche außerordentlichen schlummernden Kräfte man gerade weckt.

Diese schwierigen und herausfordernden Seiten zu betonen, scheint geboten, sofern wir der jüngsten psychedelischen Renaissance Auftrieb verleihen wollen. Die psychedelische Erfahrung öffnet die Pforten zur Wahrnehmung (Huxley, 1954) und damit auch, so suggerieren Erfahrungen und Studien, die Pforten zur Wandlung des Selbst. Die Analytische Psychologie kann mit ihren Werkzeugen, ihrer Offenheit und ihrer klärungsorientierten Haltung zweifellos einen großen Beitrag für diese psychedelisch-induzierte Wandlung leisten.

Literatur

Amara, M. (2021, Juli). *To learn from a psychedelic trip, explore the dreams that follow*. Psyche (Aeon). https://psyche.co/ideas/to-learn-from-a-psychedelic-trip-explore-the-dreams-that-follow.

Griffiths, R., et al (2008. Mystical-type experiences occasioned by psilocybin mediate the attribution of personal meaning and spiritual significance 14 months later. *Journal of Psychopharmacology.* 22(6): 621-632.

Griffiths, R., et al. (2016). Psilocybin produces substantial and sustained decreases in depression and anxiety in patients with life-threatening cancer: A randomized double-blind trial. *Journal of Psychopharmacology.* 30(12): 1181-1197.

Hasler, G. (2022. *Higher Self*. Klett Cotta.

Huxley, A. (1954). *Die Pforten der Wahrnehmung*. Piper.

Jung, C. G. (1972). *Briefe II: 1946-1955*. Walter.

Jung, C. G. (1998). *Der Mensch und seine Symbole*. Walter.

Jung, C. G. (1968). Die Psychologie des Kundalini-Yogas. Walter.

May, K. (2023). *Enchantment: Reawakening Wonder in an Exhausted Age*. Faber & Faber.

Mithoefer, M. (2015, August). *A Manual for MDMA-Assisted Psychotherapy in the Treatment of Posttraumatic Stress Disorder.* MAPS (Multidisciplinary Association for Psychedelic Studies). https://maps.org/research-archive/mdma/MDMA-Assisted-Psychotherapy-Treatment-Manual-Version7-19Aug15-FINAL.pdf.

Pollan, M., (2019). *How to Change Your Mind*. Penguin. Books.

Anmerkung

Der vorliegende Aufsatz basiert auf Gregor Hasler's Buch *Higher Sel* und wurde von diesem freundlich genehmigt. Prof. Dr. med. Gregor Hasler ist Professor für Psychiatrie an der Universität Fribourg, Psychotherapeut und Neurowissenschaftler.

Fabio Coviello
Klinischer Psychologe, in psychotherapeutischer Weiterbildung an der Universität Basel. Wissenschaftlicher Mitarbeiter am Institut von Prof. Gregor Hasler an der Universität Fribourg. Seit drei Jahren als Study Nurse in Psychedelikaforschung involviert an zwei Instituten und fünf klinischen Studien. Hat wegen Jungs Konzepten angefangen Psychologie zu studieren und lebt einen Sprung entfernt vom Pfarrhaus in Kleinhüningen.

Gregor Hasler
Higher Self
Psychedelika in der Psychotherapie
Klett-Cotta 2022, 328 Seiten, € 30,00
ISBN: 978-3608984620

DAS JUBILÄUMSBUCH!

»*Verena Kasts Psychologie ist eine Psychologie der Beziehung ...*«

INGRID RIEDEL

Die Analytische Psychologie C. G. Jungs nimmt vor allem die Tiefenschichten der Seele in den Blick. Mit der sozialen Dimension beschäftigte sich Jung weniger. Verena Kast jedoch rückt die Bezogenheit immer wieder in den Mittelpunkt ihrer Arbeit, etwa wenn sie betont: »Selbstwerdung, Selbstgestaltung ist immer auch Beziehungsgestaltung.« Besonders in ihren späteren Werken beleuchtet sie aktuelle soziale und gesellschaftspolitische Themen.

Zum 80. Geburtstag von Verena Kast wurden aus ihrem Werk Texte zusammengestellt, die deutlich machen: In der Bezogenheit zum Du und zur Welt finden wir immer mehr auch zu uns selbst.

192 Seiten, 14 × 22 cm
Hardcover
€ 22,– [D] / € 22,70 [A]
ISBN 978-3-8436-1461-0

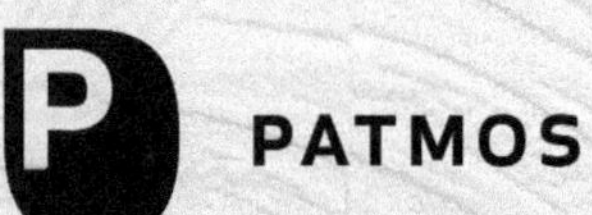

www.verlagsgruppe-patmos.de
Jetzt im Buchhandel oder unter
shop.verlagsgruppe-patmos.de

Ehrenamtliches Engagement von Frauen und Männern

Mechthild von Luxburg

Das Team der BBE-Geschäftsstelle (Bundesnetzwerk-Bürgerschaftliches Engagement) mit ihrer Kampagne „Engagement macht stark!" (wikimedia)

Empirische Studien zum freiwilligen Engagement belegen, dass sich 47 % aller Menschen in Deutschland im Alter zwischen 14 und 79 Jahren ehrenamtlich engagieren, wobei der Prozentsatz in den einzelnen Altersgruppen – abgesehen von den über 65-jährigen – nur unwesentlich schwankt.

Ehrenamtliche Arbeit ist ein weites Feld: Zwischen politischem Engagement und Nachbarschaftshilfe, ehrenamtlichen Leitungsfunktionen und einfachen Dienstleistungen gibt es eine unendliche Spannbreite an Tätigkeiten, die zum Teil nur über eine kürzere Zeit, oft aber auch langjährig oder dauerhaft ausgeübt werden.

Unbestritten ist, dass diese freiwillige Arbeit zu einem ganz erheblichen Anteil zur Lebensqualität in unserer Gesellschaft beiträgt. Sie ist eine anerkannte und notwendige – oft sogar Not wendende – Ressource für ein gutes und gelingendes Miteinander, und nicht nur das, sondern auch ein Gewinn für diejenigen, die sich engagieren. Denn neben bekannten Fähigkeiten und Stärken, die eingebracht werden, setzt sie auch persönliche Ressourcen frei, die zum Teil nicht bewusst oder wenig genutzt sind.

Um dies aufzuzeigen habe ich zahlreiche Interviews mit freiwillig engagierten Personen in verschiedenen Altersgruppen und unterschiedlicher ehrenamtlicher Tätigkeit durchgeführt, von denen hier nur einige in verkürzter, anonymisierter Form wiedergegeben werden.

Die Interviews

Brigitte, 42 Jahre
Sie engagiert sich bei einer Tafel. Die Mitarbeiter:innen der Tafel nehmen den Wi-

derspruch zwischen der verschwenderischen Produktion von Lebensmitteln und anderen Dingen des täglichen Gebrauchs einerseits und der wachsenden relativen Armut vieler Menschen in unserer Gesellschaft andererseits zum Anlass, durch ihre ehrenamtliche Arbeit hier Abhilfe zu schaffen. Sie sammeln in Geschäften und Supermärkten Nahrungsmittel, Hygieneartikel usw., die sonst vernichtet würden, ein und geben sie an bedürftige Personen und Familien weiter, die ohne diese Hilfe mit ihren geringen Einkünften schwerlich zurechtkommen würden. Brigitte sagt: „Obst und Gemüse gehört auf den Teller, nicht in den Abfall. Ich freue mich, anderen Menschen helfen zu können."

Durch die Gespräche mit den Menschen, die zur Tafel kommen, sei ihr bewusst geworden, wie privilegiert ihr eigenes Leben und das ihrer Familie verlaufen seien. „Die Dankbarkeit unserer Kunden beschämt mich und macht mich gleichzeitig froh, dass ich helfen kann." Eine studentische Mitarbeiterin der Tafel bemerkt: „Es ist toll, hier mit älteren Menschen außer den Großeltern zu tun zu haben. In beiden Richtungen ist das eine Bereicherung. Und wenn die Flüchtlinge, denen ich hier begegne, aus ihrem Leben erzählen, kann ich sogar in andere Welten eintauchen."

Hannah, 65 Jahre

Lehrerin. Seit einigen Jahren arbeitet sie bei „Lernen im Tandem" (LiT). Die Gründer:innen von LiT konnten sich mit der Tatsache, dass Kinder aus armen oder bildungsfernen Familien in der Schule ungenügend gefördert werden, nicht abfinden. Sie wollten dem entgegensteuern und schufen mit LiT eine Maßnahme, bei der je eine erwachsene Person (Pate/Patin) einem Kind Hilfestellung beim Lernen und in der Freizeitgestaltung gibt. Ihre Motivation für diese ehrenamtliche Tätigkeit fasst Anne so zusammen: „Ich habe in meinem Leben auch manchmal Hilfe erfahren und möchte das zurückgeben."

„Dankbarkeit ist mir wichtig, ich bin jeden Tag dankbar dafür, wie ich leben kann. Schon in der Kindheit hat es mich gestört, wenn anderen in der Schule Ungerechtigkeit widerfahren ist, z.B. wenn Kinder aus bestimmten Milieus bevorzugt wurden." Hannah hat Freude daran zu erleben, dass Kinder Fortschritte ma-

chen, ihr Selbstbewusstsein größer wird, wenn Lachen ins Gesicht kommt, die Kinder mehr zu sich selber finden und das dann ausstrahlen. „Und, dass ich dazu beitragen kann, dass das geschieht, erfüllt mich. Als Kind fühlte ich mich manchmal etwas ausgegrenzt. Sehnsucht, dazuzugehören, haben ja auch heute manche Kinder, und ich kann dazu beitragen, dass es ihnen gelingt. Meine damalige Sehnsucht wird dadurch befriedigt."

Das Bewusstsein, mit den Möglichkeiten, die sie habe, die Welt ein ganz klein wenig zu verbessern, gebe ihrem Leben Sinn.

Jochen, 16 Jahre

Schüler. Seine ehrenamtliche Tätigkeit bringt er in einem der zahlreichen Sportvereine ein, ohne die es in Deutschland keinerlei Breitensport geben würde. Er leitet dort eine Turnergruppe von Jugendlichen, die etwas jünger sind als er. Dass er gebeten wurde, eine Turnerriege zu übernehmen, war ihm eine große Freude. Er ist stolz darauf, dass man ihm eine solche verantwortliche Arbeit zutraute und er gleichzeitig als ein sehr guter Turner im Verein bekannt wurde. „Es ist schön, anderen etwas beibringen zu können, Vorbild sein." So kann er die Freude an der eigenen Bewegung leben und dabei gleichzeitig pädagogische Fähigkeiten entwickeln. Er lernt, sich einzufühlen in andere Menschen „bis in die Körpergefühle hinein", kann gut motivieren und den anderen Turnern bei den Übungen so gute Hilfestellung geben, dass ihnen die Übungen immer besser gelingen. Dafür bekommt er Anerkennung. Er selber begreift sein Engagement und die Erfahrungen, die er im Turnverein macht, als Kompensation für seine „Schwächen", womit er seine eher mäßigen Schulleistungen meint, die seine Eltern regelmäßig monieren und mit den guten Noten seines Bruders vergleichen.

Judith, 58 Jahre

In Kirchengemeinden wäre ohne vielfältige ehrenamtliche Arbeit kein lebendiges Gemeindeleben möglich. Deshalb engagiert sich Judith seit vielen Jahren in der Kinderkirche, wo sie Kindern biblische Geschichten durch Erzählen, Vorlesen, Rollenspiele, Basteln und andere kreative Zugänge nahebringt. Sie hat damit bereits im Alter von 14 Jahren begonnen. Damals war sie eine sehr unsichere Jugendliche, oft traurig und niedergeschlagen, weil sie aufgrund ihrer familiären Situation oft Ablehnung erfahren habe. Zunehmend mied sie soziale Kontakte. Die Bitte, in der Kinderkirche mitzuarbeiten, war eine erste Bestätigung für sie. Erstmalig habe sie dort Akzeptanz erfahren. Das Erleben, dass die Kinder gerne zu ihr kamen, hat sie stärker und selbstbewusster, als Person immer sicherer gemacht und einen Reifungsprozess in Gang gesetzt. Sie sei sich ihrer Fähigkeiten im Umgang mit Kindern und ihrer Kreativität bewusst geworden. Die Schulungen und das Bibelstudium, an denen sie teilnehmen konnte, hätten ihr Wissen erweitert und ihr Gottesbild so positiv verändert, dass dadurch innere Verletzungen, die sie in ihrer Jugend erlitten habe, geheilt wurden. Große Freude habe sie gehabt, wenn sie erlebt hätte, dass Kinder, die oft zunächst schüchtern und zurückhaltend gewesen seien, plötzlich gestrahlt und sich lebhaft bei den Aktionen oder Spielszenen eingebracht hätten. Sie glaubt, dass die Arbeit in der Kinderkirche den sozialen Umgang der Kinder im ganzen Dorf mitgeprägt hat. Es seien auch Freundschaften entstanden, die bis heute bestehen.

Marianne, 70 Jahre
Krankenschwester. Sie engagiert sich ebenfalls seit vielen Jahren ehrenamtlich in der Kirchengemeinde. Der Kirchenchor, dem sie sich aus Freude am Singen angeschlossen hat, war die „Eintrittskarte" in weitere ehrenamtliche Tätigkeiten in der Gemeinde. Die Arbeit in der Gemeindebücherei beförderte ihr Interesse an Literatur. Der Austausch darüber mit anderen Menschen, die sie sonst nicht kennen gelernt hätte, sei bereichernd gewesen. Sie konnte ihr literarisches Wissen erweitern, bei anderen Menschen Interessen wecken, und sie habe Dank bekommen für die Anregungen, die sie gegeben habe. Freundschaften seien entstanden. Außerdem konnte sie sich qualifizieren zur Bücherei-Assistentin im kirchlichen Dienst. Später wurde Marianne in den Kirchengemeinderat gewählt, in dem sie seit Jahren aktiv mitarbeitet. Gemeindeleben mitgestalten zu können, Gemeinschaft im Glauben zu erleben, Kenntnisse zu erweitern, Fähigkeiten zu entdecken und zu entwickeln, die man vorher nicht gebraucht hat z. B. beim Leiten von Sitzungen oder Schreiben von Protokollen, ist ihr

wichtig. „Der eigene Horizont wird erweitert, und man lernt die eigenen Grenzen kennen." Sie erlebe auch, dass die Arbeit, die sie macht, und sie selber geschätzt werde. Und sie bekomme Dankbarkeit, nicht zuletzt auch öffentliche Aufmerksamkeit.

Felix, 18 Jahre
Er hat gerade Abitur gemacht. Das Bedürfnis, sich für die Gesellschaft im eigenen Lebensraum zu engagieren und Verantwortung zu übernehmen, habe bei ihm schon in jungen Jahren begonnen. „Bürgerschaftliches Engagement" sei notwendig und werde heute viel beworben. Er engagiert sich seit seinem 12. Lebensjahr, zunächst angeregt durch seinen Klassenlehrer, in vielfältiger Hinsicht.

Anfangs in der SMV seiner Schule, dann auch auf kommunaler Ebene im Jugendgemeinderat seines Wohnortes. An seiner Arbeit als Jugenddelegiertem gefällt ihm, dass er Einfluss nehmen kann: So hat er das Recht, im Gemeinderat der Stadt gehört zu werden und Vorschläge einzubringen. „Man nimmt uns ernst!" Um nur einige wenige Beispiele zu nennen, gelang es dem Jugendgemeinderat, in der Freizeitanlage des Ortes Solaranlagen und einen Trinkbrunnen anzuregen, beides wurde umgesetzt.

Auch „coole Ideen" wie z. B. Mülleimer bunt anzumalen, fanden Anklang. Nicht zuletzt engagiert Felix sich für Klimapolitik und hat zusammen mit anderen Jugendlichen einen „Klimafahrplan" verfasst, der als Antrag in den Klimabeirat des Ortes eingebracht wurde. Als letztes Projekt nennt er die Anregung, in Schulen kostenlos Hygieneartikel für Mädchen zur Verfügung zu stellen. Felix sagt von sich selber, es sei ihm wichtig, für sich selbst, aber auch für kommende Generationen, seinen Wohnort so zu gestalten, dass man gerne dort wohnt, gute Schulen und gute Anbindungen hat.

Er wisse, dass er sich deshalb politisch betätigen müsse, statt seine Energien auf dem Fußballfeld auszuleben. Toll sei, „mit Leuten zusammenzuarbeiten, mit denen man gerne unterwegs ist". Sein Mut, Kritik anzubringen, sei gewachsen. Er habe auch gelernt, sich gut und korrekt auszudrücken und zielgerichtet zu kommunizieren. Auch seine Grenzen seien ihm bewusst geworden. „Man merkt, wenn man zu viel macht, dann macht man alles schlecht."

Und er sei toleranter geworden. Er bereue es nicht, so viele Jahre lang fast seine ganze Freizeit eingebracht zu haben, nicht nur, weil er, wie er sagt, sich Akzeptanz aufgebaut hat und sehr häufig positive Feedbacks bekommt: „Das ist super, was du machst", sondern vor allem wohl dadurch, dass er erlebt hat, wie er sich in dieser Arbeit zu einem sehr selbstbewussten und gefestigten jungen Mann entwickelt hat, der auch seine weiteren Lebensziele klar vor Augen hat.

Angelika, 73 Jahre

Sie ist eine der in der Politik engagierten Personen, die es immer noch braucht, um sich für den im Grundgesetz garantierten, aber in der Realität noch nicht erreichten Gleichheitsgrundsatz sowohl in den Kirchen als auch im säkularen Umfeld einzusetzen.

Angelika ist Theologin und hat während ihrer Berufstätigkeit eine überregional leitende Position im Diakonischen Werk einer Landeskirche innegehabt. Im Ruhestand knüpft sie an diese Tätigkeit an: Im Vorstand der Evangelischen Frauen in Deutschland und im Deutschen Frauenrat vertritt sie die Interessen der Frauen gegenüber der EKD wie auch in der Bundespolitik.

Im Deutschen Frauenrat konnte sie als Sonderbeauftragte für Prostitution Einfluss auf Gesetzesvorlagen nehmen. Sie war beteiligt an der Planung eines Frauenhauses, ist noch in der Trägergesellschaft eines Krankenhauses und Mitherausgeberin einer Kirchenzeitung.

Man kann davon ausgehen, dass sie in diesen ehrenamtlichen Tätigkeiten mehr als 30 Wochenstunden arbeitet. Von sich sagt sie, sie habe als die Älteste von fünf Kindern schon immer Verantwortung übernommen. Daraus ergab sich auch weiterhin die Übernahme von Verantwortung für andere und für gesellschaftliche Anliegen.

Als überzeugte Christin, die sich politisch versteht, will sie an der Gestaltung der Gesellschaft (nicht nur für Frauen) in christlichem Sinne mitarbeiten, Möglichkeiten für diejenigen schaffen, die Unterstützung brauchen, vor allem für Diskriminierte.

„Diese Arbeit gibt meinem Leben Sinn im Ruhestand. Ich habe einen Rahmen, habe Aufgaben, kann etwas bewegen, gestalten, kreativ sein. Ich kann die Lebensrealitäten anderer Menschen differenziert wahrnehmen, mich auseinander setzen mit Dingen, die mir zunächst fremd und neu sind, das bereichert mein Leben. Ich habe Einfluss auf Entscheidungen und viel Freude, wenn etwas gelingt. Natürlich erfahre ich auch große öffentliche Anerkennung. Mitten im Leben sein, quicklebendig bleiben!"

Fazit

Wenn auch die hier geschilderten Interviews nur einen verschwindend geringen Teil der in der Bundesrepublik geleisteten ehrenamtlichen Tätigkeiten abbilden, lassen sie doch erkennen: Ehrenamt mobilisiert Ressourcen, beim Individuum und in der Gesellschaft. Daher ist es unverzichtbar für unser Zusammenleben und gleichzeitig ein großer Gewinn für die Menschen, die sich engagieren.

Dabei kann es geschehen, dass sich individuelle Hemmungen oder Konflikte, Ängste oder depressive Gefühle, die lebensgeschichtlich bedingt sind, mit Hilfe ehrenamtlicher Tätigkeit verringern oder auflösen, dass kreative Lösungen zu deren Überwindung möglich werden, selbst wenn diese tief in der Persönlichkeit verankert sind. Es entstehen neue Lernerfahrungen, latent gebliebene Fähigkeiten kommen zum Vorschein, die Persönlichkeit kann sich entfalten. So befördert das Ehrenamt die soziale Orientierung, es schafft wertvolle soziale Kontakte, stärkt die Bewusstheit der eigenen Wirkmächtigkeit und stiftet Sinn. Es ist eine Quelle von Selbstreflexion und einer tieferen Auseinandersetzung mit dem eigenen Leben, von Freude und Dankbarkeit. Besonders bei Jugendlichen lenkt es die Aufmerksamkeit darauf, Lebensziele zu finden; in höherem Alter stärkt es eher das Bewusstsein, noch voll am Leben teilzunehmen

Mechthild von Luxburg
Dipl. Psychologin, ehem. Berufstätigkeit als Geschäftsführende Vorständin im Diakonischen Werk Augsburg sowie ehrenamtliche Aufsichtsrats- und Vorstandstätigkeit im Frauenwerk Stein, den Ev. Frauen in Deutschland e.V und im Deutschen Frauenrat.

Krankheit – eine Ressource?
Gedanken zu Krankheitsgeschehen und -verarbeitung

Bernd Gramich

Wandel der Jahreszeiten: Malchev Adobe Stock 34343363

Zu Beginn des Jahres 1944 brach ich mir den Fuß, und es folgte ein Herzinfarkt. Im Zustand von Bewußtlosigkeit erlebte ich Delirien und Visionen, die angefangen haben müssen, als ich in unmittelbarer Todesgefahr schwebte und man mir Sauerstoff und Kampfer gab. Die Bilder waren so gewaltig, daß ich selber schloß, ich sei dem Tode nahe. Meine Pflegerin sagte mir später: „Sie waren wie von einem hellen Schein umgeben!" Das sei eine Erscheinung, die sie bei Sterbenden manchmal be-obachtet habe. Ich war an der äußersten Grenze und weiß nicht, befand ich mich in einem Traum oder in Ekstase. Jedenfalls begannen sich höchst eindrucksvolle Dinge für mich abzuspielen.

So beginnt das Kapitel „Visionen" in C. G. Jungs *Erinnerungen, Träume und Gedanken*, in dessen Verlauf er tief beeindruckende Visionen aus seiner Krankheitsphase darstellt. Und man frage sich: Hätte er diese Visionen irgendwann in seinem Leben auch ohne die Krankheiten gehabt?

Oder waren diese eine notwendige Voraussetzung für das Eintauchen in eine neue seelische Tiefe, die ihm in der Folge einen anderen Zugang zum Leben und Forschen ermöglichte:

Nach der Krankheit begann eine fruchtbare Zeit der Arbeit für mich. Viele meiner Hauptwerke sind erst danach entstanden.
(Jung, Jaffé, 1985, S. 300)

Benötigen wir Menschen also Krankheit für Veränderung und Wandlung?

1. Krankheit und Krankheitsbegriff
Krankheit ist äußerst vielgestalt. Sie stellt eine Störung der Gesundheit dar – und diese ist nach der WHO, 1946, sehr breit definiert. Alle Formen körperlicher Krankheiten, die akuten, vorübergehenden gehören ebenso dazu wie die chronischen, ebenso alle psychiatrischen Erkrankungen wie Demenz, Schizophrenie, Sucht, die neurotischen Erkrankungen und die psychosomatischen. Diese Unterschiedlichkeit in Entstehung und Manifestation macht schon deutlich, wie schwer in diesem Bereich von „allgemeinen Wahrheiten" zu sprechen ist.

Krankheit gleich welcher Genese heißt immer Kränkung – unseres (Körper-)Selbstbildes, Körperideals und Persönlichkeitsideals – und manchmal auch Demütigung – unserer Vorstellungen, unseres Verlassens auf den Körper oder die Psyche, unseres Selbstverständnisses in der Welt. Krankheit irritiert, stellt in Frage, erinnert an die Endlichkeit. Wieviel Demut und Haltung braucht es daher, Krankheit zu ertragen und wachstumsfördernd mit ihr umzugehen?

2. Der Umgang mit somatischer Erkrankung – Krankheitsverarbeitung und Ressourcen
Ein 47-jähriger Patient erkrankt an einer akuten Leukämie: welch ein Schock, was für eine plötzliche Infragestellung allen Lebens, der Familienbezüge, der Ziele, des Lebenssinns, der Perspektive.

Oder denken wir an die Corona-Pandemie, an komplikative Verläufe einer Long-Covid-Symptomatik und bleibende Schäden: Eine 23-jährige Studentin ist im Anschluss nicht mehr körperlich belastbar und kann das Studium über Monate nicht fortsetzen, Langzeit-Prognose völlig ungewiss.

An diesen Beispielen ist die Plötzlichkeit und Unvorhersehbarkeit körperlicher Krankheit erkennbar, deren Möglichkeit wir im Alltag vehement verdrängen.

Ein zentraler Unterschied in der Krankheitsverarbeitung entsteht immer aus der Tatsache, ob eine Erkrankung vorübergehend ist und folgenlos ausheilen kann oder ob ein körperliches Defizit zurückbleibt: Krise mit Überwindung oder bleibende Läsion.

Die Anerkennung bleibender Einschränkungen macht die Verarbeitung stets problematisch, vor allem wenn eigene (Mit-)Verursachung oder Fremdverschulden wie bei manchen Unfällen vorliegt. Hierdurch kann die Aktivierung eigener Ressourcen erschwert und verhindert werden. Und manche Erkrankung bedeutet auch heute noch unabwendbare Schicksalhaftigkeit und zunehmende Zerstörung des Körpers.

Überwundene Erkrankung ebenso wie bleibender Schaden müssen in unser dynamisches Selbstkonzept integriert werden, sowohl in das körperliche als auch das psychische. Kann das Geschehen in sinnhafte Bezüge eingebettet werden? Gibt es eine passende und tragende subjektive Krankheitstheorie? Können Krankheit und eventuelle Folgen als Teil des persönlichen oder auch kollektiven Lebensstroms verarbeitet werden? Oder entstehen bleibende Enttäuschung über diese Dimension des Lebens, Hoffnungslosigkeit und zunehmende Resignation.

Wolfgang Söllner (2017) hebt neben den vielen klinischen Aspekten im Umgang mit körperlichen Krankheiten vor allem vier „existenzielle Themen" hervor: die existenzielle Isolation, die Frage nach dem Sinn des Lebens, die Frage der menschlichen Freiheit, die Frage von Endlichkeit und Tod.

Früher durchlittene und bewältigte Krankheiten, eine gute Einbettung in familiäre und soziale Bezüge und persönliche Flexibilität sind positive Faktoren gelingender Krankheitsverarbeitung.

Die Hinwendung zu kreativem Gestalten wie verbalem Ausdruck (Tagebuch, Geschichten, Gedichte, Schreiben), Gestaltung in Malen und Plastizieren (Papier, Ton, Holz) und Musik helfen, Ressourcen der Verarbeitung zu aktivieren und eine subjektive Antwort zu Bedeutung und Sinn der Erkrankung zu suchen. Eine mögliche spirituelle und religiöse Dimension erweitert diese Ressourcen noch. Das Auftreten von Träumen mit archetypischen Inhalten erfordert ganz besondere Beachtung. Ralf Vogel (2022) hat die Bedeutung der Auseinandersetzung mit dem Tod im Therapieprozess und die hilfreiche Beschäftigung mit den Todesmythologien verschiedener Kulturen ausführlich dargestellt.

Die Ressourcen zu aktivieren, bedarf häufig der Hilfe, Anregung und Unterstützung von außen: im Konsiliardienst in der Klinik, in der Familie, durch den Hausarzt, nicht selten auch in einer zielgerichteten Therapie. Die Suche nach und Aktivierung von Ressourcen als Therapie-dimension wurde in den vergangenen Jahrzehnten als weitere Säule der Psychotherapie immer bedeutsamer. Auch die Jung'sche Therapie ist sich der eigenen Ressourcenorientierung (Gestalten aus dem Unbewussten, Imagination, Körper, Tanz, Bewegung u.v.a.m.) bewusster geworden.

Nicht jedem ist spontan und aus sich selbst heraus ein Weg durch körperliche Krankheiten wie C. G. Jung möglich. So *kann* also Krankheit zu einem positiven Veränderungsschritt führen, dass die Lebensschwerpunkte neu justiert werden: weg von einseitiger Leistungsorientierung auf ein mehr beziehungsorientiertes Leben; weg von einseitiger Idealbildung auf eine breitere Lebenswahrnehmung und gestaltung.

3. Psychische und psychosomatische Erkrankungen: Finalität statt Ressource

Eine andere Sichtweise öffnet sich, wenn wir neurotische und psychosomatische Erkrankungen in Augenschein nehmen. Auch diese stellen nicht primär eine Ressource dar, sondern schweres Leiden an Symptomatik, Konflikt und unbewusster Verursachung. C. G. Jung hat in diesem Zusammenhang die kausale Perspektive, die Freud entwickelt hatte, um die finale Sichtweise ergänzt: die Neurose als etwas, das zu einem Ziel hinführen kann, wenn sie richtig aufgenommen wird.

So kann in einer psychosomatischen oder psychischen Erkrankung ein „Zwecksinn" erkannt und eine neue, veränderte Lebensentwicklung als Notwendigkeit abgeleitet werden – wenn es gelingt:

Eine 16-jährige Anorexie-Patientin erkrankt an schwerer Anorexie und benötigt diesen Weg und einen klinischen Aufenthalt, um ihre Autonomie altersgemäß zu entwickeln und innere und äußere Grenzen zu Eltern, Geschwistern und Peergroup neu zu ziehen.

Autonomieentwicklung und familiäre Ablösung, Anerkennung der Autonomie des Körpers und Veränderung des Ich-Ideals stellen hier unumgängliche Veränderungen dar, um die Krankheit überwinden zu können. So bleibt Krankheit auch hier Krankheit und Leiden, kann aber zu Konfliktbewältigung und neuer Lebensdynamik führen.

4. Krankheit bedeutet Leiden

Wenn wir nur C. G. Jungs Erleben an dieser Stelle betrachteten, könnten wir in eine zu optimistische Betrachtungsweise verfallen. Zwei problematische Dimensionen des Lebens gingen dabei verloren – und würden uns den therapeutischen Zugang zu den Patienten versperren: Krankheit nur als Ressource zu sehen, bedeutete eine Geringschätzung der Dimension des menschlichen Leidens und des Scheiterns an der Verarbeitung.

4.1 Die archetypische Dimension des Leidens

Leiden ist eine basale Dimension jedes Lebens auf der Welt und jeder Kreatur. Es geht einher mit der Wahrnehmung von Werden und Vergehen, Vergänglichkeit und Tod und ist Ausdruck dessen. Das Leiden an der Krankheit erstreckt sich vom basalen Pol des (materiell ausgelösten) Körperschmerzes bis zum seelisch-geistigen und spirituellen Pol.

In das Leiden einbezogen sind das körperliche Leiden und der Körperschmerz. Schmerz ist eine Empfindungs- und Wahrnehmungsfunktion unseres Körpers. Schmerz ist noch basaler als die Grundaffekte angesiedelt, denn er ist fundamentales Körpergeschehen, Signal des Körpers von Fehlfunktion. Der Schmerz ist als Körpersignal einfach da, während wir mit den Affekten (z. B. Wut, Angst …) reagieren und zum Beispiel in der Therapie lernen können, anders mit ihnen zu umzugehen.

Leiden beinhaltet aber auch die psychische Dimension der Verarbeitung von physischem Schmerz in den höheren seelischen Funktionen inklusive der Auseinandersetzung mit

Werden und Vergehen – und hat damit archetypischen Charakter, der sich auch in seiner Verarbeitung in Religion und Kunst zeigt; mit C. G. Jung zu sprechen:

…und dem Naturvorgang setzt der
Geist ein symbolisches Bild entgegen,
das den Naturvorgang ebenso erfaßt,
wie das Auge das Licht.
(Jung, GW 6, § 693)

Auch jede Religion basiert zentral auf der Auseinandersetzung mit Schmerz, Leiden, Tod, Vergänglichkeit und Untergang. Das Christentum steht für ein besonderes Verständnis von Leiden: die Überwindung der Vergänglichkeit und des Todes durch aktives Leiden – Jesus, der seinen Tod und den Schmerz bewusst auf sich nimmt. Psychoanalytisch kann man dies auch verstehen als eine Wendung vom Passiven ins Aktive, die aktive Bereitschaft, den Leidensweg zu gehen. In dieser Wendung liegt vermutlich die spezifische Faszination des Christentums, die bis in die Gegenwart fortwirkt.

4.2 Die Dimension möglichen Scheiterns an Krankheit und Verarbeitung

Auch Nicht-Gelingen und Scheitern sind basale Dimensionen des inneren und äußeren Lebens. Erkrankung stellt immer Herausforderung dar; Kränkung unseres Körperverständnisses oder Persönlichkeitsverständnisses, Leiden. Nicht jeder kann gut damit umgehen, auch nicht die gleiche Person immer. Jeder somatisch tätige Arzt ist mit dem misslingenden Umgang konfrontiert. Eine „erfolgreiche" Verarbeitung und persönliche Reifung am Krankheitsgeschehen – die sowieso sehr unterschiedlich aussehen kann – ist jedoch prinzipiell immer möglich.

Dieser Weg stellt aber stets ein Wagnis mit vielen Varianten des Scheiterns dar: des Aufgebens gegenüber der Anforderung der Lebensumstellung und Krankheitsbewältigung, fehlender Akzeptanz bleibender Schäden und Einschränkungen, des Verzichts auf bisherige Selbstverständlichkeiten, von Schwäche und anhaltender Kraftminderung (auch nach einem Herzinfarkt – darüber spricht C. G. Jung interessanterweise gar nicht!). Verzweiflung an Krankheit geschieht häufig, Scheitern im Umgang und Versinken in Hoffnungslosigkeit

und Resignation. Oder anhaltende Minderwertigkeitsgefühle und Benachteiligungserleben bei chronischen Stoffwechselerkrankungen u. a. Angst vor Krankheitsrezidiv, -progredienz und Komplikationen kennzeichnen nicht nur Tumorerkrankungen. Chronische Angsterkrankung, persistierende Anorexie, bipolare Erkrankung, Schizophrenie, um nur wenige Beispiele zu nennen, zeigen unterschiedliche bleibende psychosoziale Beeinträchtigungen.

Falscher Optimismus von außen würde bedeuten zu übersehen, wie groß die Anpassungsaufgabe ist und wie viele Menschen an der Verarbeitung von Krankheit scheitern: in Depression geraten, Angstsymptome ausbilden, an der Anpassung an eine chronische Stoffwechselerkrankung wie einem neu entdeckten Diabetes mellitus scheitern oder gegen die Krankheit rebellieren. Es kann aber Krankheit zu positiven Veränderungsschritten führen und dazu, dass Lebensschwerpunkte neu justiert werden:

- weg von einseitiger Leistungsorientierung auf ein mehr beziehungsorientiertes Leben;
- weg von einseitiger Idealbildung auf eine breitere Lebensgestaltung und Lebenswahrnehmung;
- weg von einer rein positivistisch-materialistischen Haltung zu einer geistigen Einstellung.

5. Somatische Erkrankungen

Unbenommen von diesen Überlegungen ist die Frage der Verursachung organischer Erkrankungen. Wie und wo steht diese im Zusammenhang mit psychischen Prozessen? In den letzten Jahrzehnten sind die Folgen äußerer Stressoren zur Krankheitsentstehung intensiv beforscht worden, auch die enge Verbindung frühkindlicher Belastungen mit späteren somatischen und psychischen Erkrankungen – von Depression, bipolarer Störung, Schmerzstörung bis hin zu Immunerkrankungen, Herz-Kreislauf-Erkrankungen und metabolischen Krankheiten. Trotzdem bleiben viele Fragen der Autonomie körperlicher Prozesse, der engen Verwobenheit psychischen und somatischen Geschehens offen, weil sie an die Grenzen des heute Erfahrbaren gehen.

6. Zusammenfassung

Zusammenfassend: Krankheit ist per se keine Ressource. Sie ist eine bedrohliche Abweichung vom Gesunden, vom Normalzustand, in dem wir uns gefahrverdrängend im Alltag einrichten, um zu leben, uns zu entfalten. Krankheit ist eine Herausforderung in der Bewältigung. Kein Erfolg darin ist garantiert. Das Misslingen in der Anpassung, das subdepressive und depressive Leiden daran ist vermutlich häufiger, als wir denken, auch ein unterschwelliges Resignativ dem Leben gegenüber. Krankheit kann helfen als Anforderung, sich auf die eigenen Ressourcen zu besinnen, den Weg zu ihnen einzuschlagen, sie zu mobilisieren. Das setzt die Anerkennung der Krankheit und evtl. bleibender Defizite voraus – in Offenheit und Ehrlichkeit; ohne Bagatellisierung der Folgen von außen, ohne falschen Trost; sondern mit notwendiger Einfühlung in die subjektive Bedeutung bleibender Einschränkung. Hier gilt es, die Brille des Patienten aufzusetzen, um sich in das subjektiv erlebte Ausmaß des Schadens oder bleibender Folgen einzufühlen – gerade dann, wenn sie uns von außen trivial und belanglos erscheinen mögen.

Damit Krankheit positiv verarbeitet werden kann, müssen viele Faktoren zusammenkommen: Einsicht in das Schicksal von Krankheit, Verlauf und Folgen; eine Haltung von Demut, die Folgen zu ertragen; Bescheidenheit und Einsicht, sich mit den Folgen abzufinden; Einordnung in eine subjektive Krankheitstheorie, sinnvollen Bezug und Sinngebung.

Die Gefahr des Verständnisses von Krankheit als Ressource läge in einem idealisierenden Verständnis: das Leid nicht als Leid anzunehmen und als solches im Gegenüber wahrzunehmen, sondern in idealisierender Haltung die Bewältigung vorauszusetzen oder im Kontakt einzufordern. Nur die positive Verarbeitungsmöglichkeit in Rechnung zu stellen hieße, die Grausamkeit von Krankheiten bis zu Destruktion des Körpers zu negieren und ihre Schicksalhaftigkeit zu verleugnen. Dies betrifft körperliche Krankheiten ebenso wie psychiatrische und psychosomatische Krankheiten.

Albert Camus hat diese erforderliche Haltung im Roman *Die Pest* so ausgedrückt:

Damals…beschloß Doktor Rieux, den hier endenden Bericht zu schreiben, um nicht zu denen zu gehören, die schweigen, und um für diese Pestkranken Zeugnis abzulegen, damit wenigstens eine Erinnerung an die Ungerechtigkeit und Gewalt blieb, die ihnen angetan worden war, und um einfach zu sagen, was man in Plagen lernt, nämlich daß es an den Menschen mehr zu bewundern als zu verachten gibt.
(Camus, S.349 f.)

Erst mit der Anerkennung der Leidens-Dimension – innerseelisch und zwischenmenschlich – kann sich die Perspektive dann zu den großen Lebensbezügen weiten. Insofern als Krankheit eng eingebunden ist in den Lebenskreislauf von Werden und Vergehen, ist sie Aufforderung, sich mit den Grenzen des Lebens auseinander zu setzen und kann im besten Falle in einen Weg persönlicher Reifung münden.

Literatur

Camus, A. (1997). *Die Pest*. Rowohlt.

Jung, C. G. (1994, 17. Auf.). *Gesammelte Werke, Band 6.* Walter.

Jung, C. G.; Jaffé, A. (1985, 3. Aufl.). *Erinnerungen, Träume, Gedanken von C. G. Jung (ETG)*. Aufgezeichnet und herausgegeben von Aniela Jaffé. Walter.

Söllner, W. (2018). *Kranker Körper – kranke Seele. Psychotherapie mit körperlich Kranken*. Springer.

Vogel, R. T. (2022, 2. Aufl.): *Todesthemen in der Psychotherapie*. Kohlhammer.

Bernd Gramich

Dr. med., Facharzt für Psychosomatische Medizin und Psychotherapie, Facharzt für Innere Medizin. Ausbildung zum Psychoanalytiker am C. G. Jung-Institut Stuttgart, dort tätig als Lehranalytiker und Supervisor. Langjähriger Chefarzt der Klinik für Psychosomatische Medizin und Psychotherapie am Diakonie Klinikum Stuttgart. Jetzt tätig in Privatpraxis in Esslingen/N.

Was sind Ressourcen? (7)

ChatGPT meint zur „Akeptanz"
(März 2023):

Die Akzeptanz hat in der Psychotherapie einen wichtigen therapeutischen Sinn. Die Akzeptanz bezieht sich darauf, dass der Klient lernen soll, unangenehme und belastende Gedanken, Emotionen und Körperempfindungen anzunehmen und zu akzeptieren, anstatt gegen sie anzukämpfen oder sie zu vermeiden.

Durch diese Haltung der Akzeptanz können unproduktive, sich verstärkende Gedanken- und Verhaltensmuster durchbrochen werden, die oft zu einer Verschlimmerung der Symptome führen. Die Akzeptanz hilft dabei, dem Klienten eine andere Perspektive auf seine Schwierigkeiten zu ermöglichen und ihn dazu zu befähigen, sich auf seine Werte und Ziele zu konzentrieren und seine Handlungen danach auszurichten. Sie kann dabei helfen, die emotionale Belastung, die durch psychische Probleme entsteht, zu reduzieren und den Klienten dabei zu unterstützen, sich mehr auf die Gegenwart und das Hier und Jetzt zu konzentrieren.

In der Akzeptanz- und Commitmenttherapie (ACT) beispielsweise ist die Akzeptanz einer der sechs zentralen therapeutischen Prozesse. Dort werden sechs zentrale therapeutische Prozesse beschrieben, die dazu beitragen sollen, dass der Klient ein erfüllteres Leben führen kann. Diese sechs Prozesse sind:

Akzeptanz: Wie bereits beschrieben, geht es dabei darum, unangenehme und belastende Gedanken, Emotionen und Körperempfindungen anzunehmen und zu akzeptieren, anstatt gegen sie anzukämpfen oder sie zu vermeiden.

Defusion: Hier geht es darum, sich von seinen Gedanken zu distanzieren und zu lernen, sie nicht als absolute Wahrheit oder als Handlungsanweisung zu betrachten. Der Klient soll lernen, seine Gedanken als das zu betrachten, was sie sind - nämlich als nur eine Möglichkeit von vielen.

Gegenwärtiger Moment: Der Klient soll lernen, sich mehr auf die Gegenwart und das Hier und Jetzt zu konzentrieren und nicht ständig in der Vergangenheit oder Zukunft zu leben. Ziel ist es, sich auf die aktuellen Erfahrungen und die Wahrnehmung seiner Umwelt zu konzentrieren.

Selbst als Kontext: Hier geht es darum, eine größere Distanz zwischen sich selbst und seinen Gedanken, Emotionen und Körperempfindungen zu schaffen und sich stattdessen als kontextuelle Ebene zu betrachten, auf der sich diese Erfahrungen abspielen.

Werte: Der Klient soll seine persönlichen Werte identifizieren und lernen, diese in seinen Alltag zu integrieren. Ziel ist es, ein erfüllteres Leben zu führen, das auf den eigenen Werten und Prioritäten basiert.

Handlung: Hier geht es darum, Verhaltensänderungen zu initiieren, die auf den eigenen Werten und Zielen basieren. Der Klient soll lernen, proaktiv zu handeln und seine Verhaltensmuster entsprechend anzupassen.

Diese sechs Prozesse sind wichtig, da sie dazu beitragen können, dass der Klient ein erfüllteres Leben führen kann. Indem er lernt, unangenehme Erfahrungen zu akzeptieren, sich von seinen Gedanken zu distanzieren, sich auf die Gegenwart zu konzentrieren, sich als kontextuelle Ebene zu betrachten, seine Werte zu identifizieren und proaktiv zu handeln, kann der Klient lernen, mit Herausforderungen und Schwierigkeiten konstruktiver umzugehen und ein erfüllteres Leben zu führen.

Klagen und Troststücke – Arbeit mit extrem belasteten Menschen

Luise Reddemann

Foto: Adobe Stock 520052792

Menschen, die schwere Belastungen zu verkraften haben, benötigen für ihren Schmerz Orte der Klage. Und diese schwer leidenden Menschen, die ich seit nunmehr 37 Jahren begleite, suchen auch danach, sich getröstet fühlen zu können. Klagen und Trost gehören für mich zusammen. Denn nur beides zusammen kann auf Dauer als hilfreich erlebt werden. Ausschließliches Klagen führt zur Verzweiflung, jedoch kann ausschließliche Konzentration auf Ressourcen ebenfalls diesen Effekt haben.

Bachs Kantaten sind mir an dieser Stelle zu Begleitern geworden. Die alten Texte und Lieder können uns Heutige mit allen leidenden Menschen verbinden und so vielleicht die Einsicht fördern, dass „es Leiden gibt" als herausfordernde Konstante menschlichen Lebens und wir möglicherweise gut beraten wären, das mitfühlend zu akzeptieren.

Die großen Themen des Leidens haben schon vor Jahrhunderten Menschen veranlasst, mit heilsamen Bildern ihre Leiden zu lindern, nicht völlig anders, als wir es heute tun können!

Wir gingen ja lange davon aus, dass alles berechen- und beherrschbar sei. Und das, was nicht dazuzugehören schien, etwa der Tod und auch schwere Erkrankungen, kümmerte uns kollektiv relativ wenig. Vielleicht gab es manchmal kleine Unsicherheiten, vielleicht sogar Ängste, aber das alltägliche Leben schien ja doch greifbar und vor allem beeinflussbar. Nun sind viele mehr oder weniger fassungslos, dass uns kaum Kontrollierbares durch ein Virus geschieht sowie durch einen Krieg in unserer Nähe.

Insgeheim und auch ganz offen, dachten viele nicht, dass die Welt, in der wir leben, ganz und gar unsicher sein könne. Wir hatten Mitgefühl mit Patienten und Patientinnen, die durch schwere Traumatisierungen so etwas wie ein Sicherheitsgefühl nie gehabt oder früh verloren hatten. Wir dachten nicht, dass wir uns wie in früheren Jahrhunderten kaum an einem Ort der Welt sicher fühlen könnten. Wenn uns von weisen Menschen gesagt wurde, dass es keine absolute Sicherheit gebe, weil die Welt so nicht gemacht sei, haben die meisten das schnell beiseite geschoben und sich wieder beruhigt.

Es erscheint mir daher sehr sinnvoll, uns klarzumachen, dass die Erfahrungen, die uns jetzt so erschüttern und unseren Unmut auslösen, vielen, vielen Menschen schon immer begegnet sind. Ich stelle mir vor, dass es wichtig sein kann, uns zu Not und Verzweiflung zu äußern und ebenso über Trost bis hin zu Dankbarkeit Freude und vor allem Verbundenheitserleben zu spüren.

Mein Verständnis von Heilkunst ist davon geprägt, heilsame Beziehungen zu suchen. Wir alle verfügen über vielfältige kreative und Selbstheilungskräfte. Heilende Kraft setzt Vorstellungskraft voraus. Ich folge Paracelsus, der davon sprach, dass der Arzt nur kurieren könne, die Natur aber heile, und beziehe mich auf Goethe, der meinte: „Wär nicht das Auge sonnenhaft, die Sonne könnt es nicht erblicken." Daher spreche ich in diesem Zusammenhang auch gerne von unserer Sonnenhaftigkeit als Teil des Selbst, denn ohne unsere Fähigkeit zur Resonanz, hier also auf die Sonne, könnten wir Heilsames nicht annehmen und entwickeln.

Schon in den Psalmen, und auch in Kirchenliedern und Kantaten ist vieles zu finden, das uns immer noch helfen könnte, ja kann. Menschen hatten wohl schon immer die großen Themen von Leid und wie man es überwindet, und das hat für mich etwas Tröstliches.

Ich möchte hier einen Kontext von Leid und Trost herstellen und nehme gerne Bezug auf Brahms, der meinte: „Studiere Bach. Dort wirst du alles finden."

Ich frage, wie können wir uns befreien, wenn wir im Leiden eingeschlossen zu sein scheinen, und wie die inneren Fesseln lösen. Ein frühes Bach'sches Werk, nämlich die Kantate *Ich hatte viel Bekümmernis*, in die er zwei Strophen aus dem Kirchenlied *Wer nur den lieben Gott lässt walten* integriert hat, macht deutlich, wie Bach geradezu in einem psychotherapeutischen Sinn einen Weg gezeigt hat, wie man Leiden erfahren und überwinden kann, denn in vielen seiner Kantaten konnte er

die Spannung zwischen Leid und Freude zum Ausdruck bringen.

Das halte ich für mich persönlich für passend und auch in meiner psychotherapeutischen Arbeit: Dass wir neben dem Leidvollen Freude- und Glücksfähigkeit nicht vergessen. Ich konnte erleben, wie das Zusammenwirken fremd erscheinender Texte und der Musik tiefes Erkennen und ein umfassendes Getröstetsein ermöglichten. Bachs Musik ist für mich der ultimative Trost.

Im Kontext des Gedankens von *Wer nur den lieben Gott lässt walten* gibt es eine ganze Reihe von Bach'schen Kantaten, z. B. die zum 3. Sonntag nach Epiphanias. An diesem Sonntag geht es im Evangelium um die Heilung eines Aussätzigen, der zu Jesus sagt, „Herr, wenn Du willst, kannst Du mich wohl reinigen". Dieser Mensch hat also Hoffnung auf Heilung.

Psychologisch verstanden heißt das, dass einer, der sich bedingungslose Liebe wünschen kann, also hier von Jesus, dazu bereits selbst – wenigstens in Ansätzen – fähig ist! Dieses Vertrauen in Größeres kann jetzt in Corona- und Kriegszeiten hilfreich sein. Übergeordnet nennen wir das wohl Akzeptanz, und ich bin davon überzeugt, dass wir diese Fähigkeit mehr denn je benötigen und pflegen sollten. Es kann auch noch immer die Botschaft von Bachs Kantate *Gottes Zeit ist die allerbeste Zeit* gelten. Denn hier heißt es, „Herr lehre uns, dass wir sterben müssen, auf dass wir klug werden". Viele tausend Jahre alte Worte aus dem Psalm 90.

Erinnern Sie sich noch an die Geschichte von dem beinahe untergehenden Schiff? Wo Jesus zu den Jüngern spricht, „Ihr Kleingläubigen, warum seid Ihr so furchtsam?" Wenn wir ein wenig unsere Furcht überwinden können, beruhigen sich die Stürme in uns, die Dinge lösen sich, wir können uns befreiter fühlen.

Seit bald drei Jahren geht es fast immer ausschließlich um die Überwindung des Virus oder der Erkrankung und nun auch des Krieges. Es sieht gelegentlich so aus, als sei es möglich, unsere Sterblichkeit abzuschaffen.

In seinem Essay über den *Duft der Zeit* geht es dem Philosophen Byung-Chul Han (2015) um die vita contemplativa; er erzählt von einem chinesischen Brauch, Zeit mit Düften zu messen, und meint, dass sich die Schönheit der Dinge erst im kontemplativen Ver-weilen, ja in einer asketischen Zurückhaltung enthüllt als ihre duftende Essenz.

Bach wiederum ging es immer wieder um Not, um Krankheit, um Mangel, die durch Weisheit und bedingungslose Liebe geheilt werden können. Das Thema des Sich-Schickens, Sich-Fügens in ein größeres Wollen zieht sich durch Bachs Kantatenwerk, und das inspiriert mich. Es geht darum, die Dinge in einen größeren Kontext einzuordnen, sogar zu akzeptieren bereit zu sein, dass wir nicht alles verstehen.

In einer seiner bedeutendsten und heute noch sehr bekannten und häufig aufgeführten Kantaten *Ich hatte viel Bekümmernis*, BWV 21, erklingt nach einer langen Klage über Bekümmernisse und Verzweiflung und einem Dialog der tief verzweifelten Seele mit dem sie tröstenden Jesus eine Arie mit dem Text „Sei nun wieder zufrieden". Dieser Teil der Kantate ist für mich eine sehr starke Aufforderung zur Akzeptanz.

Man kann sich in seinen Schmerz einfühlen, wenn man in die einleitende Sinfonia hineinhört, von der Elliot Gardiner sagt, sie sei von „überwältigendem Schmerz". Ich verstehe dadurch eher, was es bedeutet, Schmerz zu akzeptieren. Diese Sinfonia bedeutet für mich u. a., mich fallenlassen zu können und Verbundenheit mit allen, die leiden, zu fühlen. Das empfinde ich als tröstend, quasi als „Himmelsfenster".

Menschen brauchen Trost und Ermutigung zum Weiterleben. Eines scheint mir wichtig: Bevor man „den lieben Gott walten" lassen kann, brauchen wir Mitgefühl, Hoffnung und Trost. Erst dann kann die Einsicht gelingen, dass es, um zur Akzeptanz zu gelangen, nicht genügt, sich ausschließlich mit dem Schmerzhaften zu beschäftigen. Nur wenn wir uns ausreichend mitfühlend getröstet fühlen können, von anderen oder auch durch uns selbst, kann Akzeptanz gelingen.

In der Psychotherapie hat das Trösten nicht unbedingt einen hohen Stellenwert, teilweise war es regelrecht verpönt. So zu trösten, dass der andere Mensch sich gesehen fühlt, erfordert Feinfühligkeit und Einstimmung. Je schwerer ein Mensch verletzt ist, desto schwerer kann es uns fallen, uns einzustimmen. „Billiger Trost" ist nicht das, was Menschen benötigen, wenn sie in Not sind, sondern einen von Mitgefühl getragenen Trost. Ich verweise hierzu auch auf das kleine, aber gehaltvolle Büchlein von Clemens Sedmak: *Hoffentlich*.

Ich gehe daher noch etwas genauer auf die Kantate *Ich hatte viel Bekümmernis* ein, in der schließlich *Wer nur den lieben Gott lässt walten* eine bedeutende Rolle spielt.

„Ich hatte viel Bekümmernis" wird fast 60-mal wiederholt. Die Kantate als Ganzes zeugt von einer ganzheitlichen Sicht des Menschen, die von einem psychosomatischen Verständnis, wie wir das heute nennen, getragen wird. Selbst wenn Menschen des 21. Jahrhunderts die Dinge möglicherweise weltlicher sehen, gilt das Prinzip der bedingungslosen Liebe. Wir alle benötigen Gewissheit, dass es Trost gibt. Ohne mitfühlenden Trost gibt es keine hilfreichen, neuen, Akzeptanz vermittelnden Erfahrungen. Der durch Jesu Gestalt hervortretende Archetyp ist auch uns Heutigen zugänglich. Bevor es aber so weit ist, ist eine lange schmerzvolle Strecke des Zweifelns und der Verzweiflung zurückzulegen. Sogar Gottesferne muss durchlitten werden „Wie hast Du Dich, mein Gott, in meiner Not, in meiner Furcht und Zagen denn ganz von mir gewandt?" Das Leben als Albtraum zeichnet sich hier ab!

Erst dann zeigt sich wieder der Keim der Hoffnung unter Bezugnahme auf den 42. Psalm. Zunächst geht es darum, dass das Ich Gott „noch danken" können wird, jedoch „Ich" es noch nicht kann, weil es immer noch ausharrt in seinem Elend. Dieser Text berührt mich, weil er so genau den Weg vieler meiner traumatisierten Patient:innen beschreibt. Sie wollen unbedingt und bedingungslos gesehen werden in ihrem Leid, im Übermaß ihres Leidens, sie möchten, dass wir das anerkennen, und sie erfahren Gottverlassenheit, weil Menschen sie verlassen. Das schreibt die Hölle fort.

In der Kantate 21 befreit Jesus mit seiner Liebe die untröstliche Seele, so dass Sorgen und Schmerzen verschwinden können. Es ist also Not wendend, Schmerz mitfühlend zu würdigen, sich selbst zu trösten und trösten zu lassen, dann erst ist der Mensch offen, Gott walten zu lassen, oder moderner ausgedrückt, Vertrauen ins Leben zuzulassen, in sich wieder Freude und Dankbarkeit zu erleben. Auch Hoffnung ist wichtig. So empfiehlt eine

Expert:innengruppe von Traumatherapeuten, bei Menschen, die Katastrophen überlebt haben, Hoffnung zu fördern und zu nähren (z. B. Hobfoll et al., 2007). Am Anfang der Kantate ist es neben der Bekümmernis also Hoffnung, die durch Bitternis und Verzweiflung hindurch trägt.

Kann Bachs Kantate uns als Begleitenden etwas sagen für die Arbeit, für uns selbst? Das Schwierige in der Begleitung von Menschen, die viel Bekümmernis haben oder hatten, ist ja, dass wir uns davon berühren lassen und auch davon berühren lassen sollten. Es macht einen großen Unterschied, ob wir die Dinge mit Mitgefühl oder mit bloßer Vernunft betrachten. Stressreduktion erfolgt bei stark unter Stress stehenden Menschen, insbesondere unter traumatischem Stress stehenden, am ehesten, wenn man sich diesen Menschen sanft und liebevoll zuwendet. Naturwissenschaftlich gesehen geht es darum, die Ausschüttung des Antistresshormons Oxytocin anzuregen. Mitgefühl erkennt Leiden und erkennt es an und will handeln, um Leiden zu verringern. Das geschieht nicht durch Appelle an die Vernunft, sondern durch liebevolle, mitfühlende Interaktionen, also liebevollen Augenkontakt, beruhigende Worte, Halt, Wärme, Geborgenheit und Trost.

Der kürzlich mit fast 100 Jahren verstorbene Bernard Lown, ein bedeutender kardiologischer Forscher und engagierter Menschenrechtler, der „Ärzte gegen den Atomkrieg" mitgegründet hat, legt in seinem Buch *Die verlorene Kunst des Heilens* Wert darauf zu betonen, wie wichtig das von Mitgefühl getragene ärztliche Gespräch ist. Es fiel mir auf, dass in der deutschen Übersetzung der Untertitel nämlich *Practicing compassion in medicine* zunächst ganz fehlte, und inzwischen gibt es in einer Neuauflage einen Untertitel: *Anstiftung zum Umdenken*. Mitgefühl ist mehr als Umdenken! Lown mahnt uns, uns Zeit zu nehmen, um unsere Patient:innen gut zu verstehen. Verstehen ist eine tragende Säule für Mitgefühl. In jedem Fall kommen wir nicht umhin, uns einzufühlen in die Not unserer Patient:innen und uns bewusst zu machen, dass sie – und wir selbst! – mehr sind als der Schrecken und unser Erschrecken über die Grausamkeiten des Lebens.

Ich habe mit einer Gruppe von Therapeut:innen einen Tag mit der Kantate *Ich hatte viel Bekümmernis* verbracht. Für einige war es ungewohnt, sich mit Musik von Bach zu beschäftigen. Aber nach und nach waren doch alle von der Tiefe des Ausdrucks von Kummer und Freude, Verzweiflung und Trost ergriffen. Wir haben ein Stück nach dem anderen gehört und unsere Fragen dazu und unser durch die Kantate ausgelöstes Erleben miteinander geteilt.

Ich denke, erst wenn wir uns erlauben, bekümmert zu sein, manchmal auch hoffnungslos, und an dieser Stelle mitfühlend mit uns sind, was ja immer auch ein Einverstandensein bedeutet, können neue Bedeutungen und Freude aufscheinen.

So hat sich am Schluss der Kantate *Ich hatte viel Bekümmernis* das Blatt völlig gewendet, aus Bekümmernis wird Jubel, der Himmel steht offen. Wie kann das geschehen? Durch liebevolle Zuwendung; im vielleicht nicht immer christlich geprägten Leben hoffentlich dadurch, dass wir ohne Bedingungen füreinander da sind.

Literatur

Dürr, A. (2000). *Johann Sebastian Bach. Die Kantaten.* Bärenreiter.

Han, B.-C. (2015). *Duft der Zeit: Ein philosophischer Essay zur Kunst des Verweilens.* Transcript.

Hobfoll, S. E., Watson, P. et al. (2007). Five essential elements of immediate and mid-term mass trauma intervention: empirical evidence. *Psychiatry* 70(4): 283-315.

Lown, B. (2004). **Die verlorene Kunst des Heilens.** *Anleitung zum Umdenken.* Suhrkamp.

Reddemann, L. (2006). *Sinn und Sinnlichkeit im Werk von J. S. Bach.* In: Neuen, C., Riedel, I, Wiedemann (Hrsg.): Sinne, Sinnlichkeit, Sinn. Patmos

Reddemann, L. (2006). *Überlebenskunst.* Klett Cotta.

Reddemann, L. (2013). *Ich hatte viel Bekümmernis oder Trost durch Musik* in: Riedel, I. (Hg): Die Kunst zu leben - die Kunst zu heilen. Patmos 2013

Sedmak, C. (2020). *Hoffentlich. Gespräche in der Krise.* Tyrolia.

Luise Reddemann
Dr. med., Fachärztin für psychotherapeutische Medizin, Psychoanalytikerin (DPG, DGPT), Honorarprof. für Psychotraumatologie an der Universität Klagenfurt

Es kommt darauf an, das Hoffen zu lernen

Ernst Bloch und das Prinzip Hoffnung
Hans Dieter Knoll

Wir werden erst

Wenn wir das Thema unserer Ressourcen umkreisen, dann kommen wir kaum umhin, uns mit dem Philosophen Ernst Bloch zu befassen. Sein zentrales Anliegen, sein gesamtes Werk kreist um Hoffnung und Utopie.

„Ich bin, aber ich habe mich nicht, also werden wir erst." Dieser Satz Blochs aus der *Tübinger Einleitung in die Philosophie* (Bloch, 1977, S. 13) könnte über jeder Psychotherapie stehen, aber auch über jedem Leben.

Dieses Werden aber ist ein nicht zu vollendender Prozess, es hört nicht auf, es kann Stagnationen und Stauungen, Wendepunkte geben, aber auch diese sind ein Werden, ja sind sogar Voraussetzung für das Werden. Und immer trägt uns dabei die Hoffnung, die uns von einem Zustand in einen anderen helfen möchte. Es gibt ein fernes und meist nur vage erkennbares Ziel, ein Telos: Es ist das niemals Erreichte und doch Angestrebte, Anzustrebende.

Im Studium haben wir diesen Philosophen der Hoffnung damals erlebt und verehrt, er hat uns gesagt, dass es eine Zukunft gibt, eine von der Vergangenheit unserer Väter und Mütter unterscheidbare. Und er hat uns gesagt, dass diese Zukunft im Jetzt beginnt, im Dunkel des gelebten Augenblicks.

Ernst Bloch, der ins Gelingen fast militant Verliebte, hat uns betört, fasziniert, er strahlte als alter Mann eine feurige Kraft und Energie aus, vertrat einen vom Grund her unbegrenzten Fortschrittsglauben. Wenn wir heute erkennen müssen, dass der Fortschritt einen enormen Schatten aufhäuft und Probleme produziert, die nicht mehr nur Kollateralschäden sind, so wollten wir das damals nicht sehen.

Durchaus sah auch er die Gegenkräfte zur Hoffnung in Resignation, Angst, Verzweiflung, Scheitern etc., aber er war von der Entwicklung des Menschen und der Gesellschaften in eine bessere Zukunft hinein überzeugt und belegt dies mit tausenden kulturgeschichtlichen Ausflügen in seinem gesamten Werk.

Er sieht im Menschen die Hoffnung als Suche oder als Traum von einer besser gestalteten Welt, die eine Vision der erahnten, aber noch nie erlebten Heimat sei, als entscheidendes treibendes Agens. Er ging von einer Grundsehnsucht aus, die uns in diese Richtung streben lasse, beginnend mit der einfachen Erfahrung „...daß etwas fehlt, und das Fehlende, das so von vornherein Unzufriedene in seiner Leere will sich gestaltend aufheben." (Bloch, 1977, S. 166)

Hoffnung wird also aus dem Mangel geboren. „Zieh lieber mit uns fort, etwas Besseres als den Tod findest du überall", heißt es im Märchen von den Bremer Stadtmusikanten oder in der Suche nach der verlorenen Liebe bei Zarah Leander: „Wenn ich ohne Hoffnung leben müsste, wär das Leben ohne Sinn für mich... doch ich weiß, es wird einmal ein Wunder geschehn und dann werden tausend Märchen wahr".

Hoffnung heißt: niemand weiß

Hoffnung hat verschiedenste Ausprägungen, so kann sie ganz illusionär sein als Hoffnung auf den Lottogewinn oder auf ein jenseitiges Glück, das aus dem Jammertal des Lebens wieder ein Paradies macht.

„Niemand weiß", sagt dazu Hölderlin, der Lyriker der Spannung zwischen Hoffnung und

Verlorensein. Oft entwickelt sich solche Hoffnung im Lauf des Lebens in unrettbare zunehmende Resignation hinein. Sie kann aber auch sehr konkret sein, indem sie auf ein Ziel ganz strebend sich hinbewegt, hinarbeitet, das wäre dann bei Bloch die „wissend konkrete Hoffnung" oder die „konkrete Utopie". Sie ist keine Zuversicht, denn sie ist nicht Gewissheit, sondern eben nur Hoffnung. Zuversicht wäre schon zu erwartungssicher, zu festgelegt, während sich die Hoffnung gestaltend ins Offene hinein bewegt. „Komm ins Offene, Freund", schreibt Hölderlin.

„Und zur Angst, gar zum Nichts der Verzweiflung verhält sie sich mit derart bestimmter Macht, daß sich sagen läßt: die Hoffnung ersäuft die Angst." (Bloch, 1976, S. 126)

Wissend-konkrete Hoffnung also bricht subjektiv am stärksten in die Furcht ein, leitet objektiv am tüchtigsten auf die ursächliche Abstellung der Furcht-Inhalte hin. Mit der kundigen Unzufriedenheit zusammen, die zur Hoffnung gehört, weil sie beide aus dem Nein zum Mangel entspringen.
(Bloch, 1976, S. 3)

Göttliches Kind
Interessanterweise finden wir sie bei Kindern sehr ausgeprägt, sie wissen früh, was sie wollen, „wenn ich groß bin..." brauchen, auch werden wollen, Polizisten, Prinzessinnen, Lokführer... Pestalozzi betonte, dass es darum gehe, aus dem Menschen (dem Kind) etwas heraus zu bringen und nicht hinein, also etwas, was schon in ihm da ist, zu locken.

Die Stimme des Andersseins, Besserseins. Schönerseins ist in diesen Jahren so laut wie unabgenützt; das Leben heißt ‚Morgen', die Welt ‚Platz für uns' ... Die Sehnsucht nach dem Leben Erwachsener treibt an, doch so, daß dieses Leben gänzlich umgeändert werden sollte.
(Bloch, 1976, S. 132 f.)

Gute Jugend glaubt, daß sie Flügel habe und daß alles Rechte auf ihre herbeibrausende Ankunft warte, ja erst durch sie gebildet, mindestens durch sie befreit werde.

Ich kannte einen Jungen, der sich mit 13 entschloss, Meisterschüler bei Celibidace zu werden, mit 22 war er es dann. Ihm war in die Wiege gelegt, dass sein Urgroßvater viele Wagner-Opern uraufgeführt hatte, dort wollte er wieder hin.

Der Jugendliche, das Kind befinden sich in Entwicklung. Sich entwickeln heißt, etwas aus sich heraus wickeln, indem man sich mit sich selbst experimentierend in der Welt verhält, die Welt mit entwickelt. Verena Kast und andere sehen in der Hoffnung eine Parallele zum Archetyp des göttlichen Kindes. Dieses hat ja durch seine unbefangene Kraft des Werdens erlösenden und heilsamen Charakter trotz oder wegen all seiner Hypotheken, die es mitbringt.

Vom Dunkel ins Helle
Ausgangspunkt ist bei Bloch zunächst aber das „Dunkel des gelebten Augenblicks", oder „Das hier und Jetzt als dunkelste Stelle".

Nicht das Fernste also, sondern das Nächste ist noch völlig dunkel und ebendeshalb, weil es das Nächste. das Immanenteste ist; in diesem Nächsten steckt der Knoten des Daseinsrätsels.
(Bloch, 1976, S. 341)

Bloch geht es dabei um das Erkennen der dialektischen Gestalt des eben jetzt Geschehenden und um die Schwierigkeit dieses Erkennens selber, die Kräfte der Verdunkelung, die sich ihm entgegen stellen.

„Dunkler Augenblick" beschreibt dabei das aktuelle Geschehen, die aktuelle Wirklichkeit mit Umfeld:

Wir sehen jedenfalls nicht, was wir leben. Was gesehen werden soll, muß vor uns gedreht werden. Erst dadurch können wir es vor uns hinhalten und bleiben darin nicht unmittelbar. Das nur Gelebte, nicht Erlebte und so auch nicht Erblickbare ist uns am dunkelsten, ist buchstäblich am wenigsten herausgebracht.
(Bloch, 1977, S. 13)

Gerade das, was sich im Moment ereignet, bleibt uns in der Regel aber verborgen. Im

Licht am Ende des Tunnels (Kafi, Adobe Stock 560999674)

Moment des Erlebens hängt das Bewusstsein nach. In ihm lebend, vermeiden wir, dies bewusst zu tun, werden aber zum anderen auch daran gehindert, wir ziehen die Dunkelheit des Augenblicks oft vor.

Und doch spüren wir, dass Bewegung in ihm ist, die einerseits lockt und andererseits ängstigt, sie birgt Gefahr, weil sie ihr Ziel nur vage vermittelt und wir uns als Bewegte sehen.Dieser Augenblick, dessen Gestalt zunächst im Dunkel bleibt, enthält nach Bloch als „Latenz" das, was möglich ist oder werden kann im positiven und negativen Sinn. Sie entfalte sich mit fortschreitender Handlungserfahrung und genauerer Zielrichtung zu einer prozesshaften Bewegung, werde zur „Tendenz" und münde schließlich in eine „konkrete Utopie" in Form einer Zielvision mit konkreten Handlungskonzepten.

Das Jetzt
Das Jetzt ist sowohl Ziel als auch Quelle und Ursprung: es ist noch weitgehend unbestimmt und von daher bedrohlich, ängstigend und hoffnungserregend zugleich. Dieses Jetzt, diese Latenz entwickeln sich nicht von allein, sondern sie bedürfen der tätigen Entwicklungsarbeit, der Erhellung, der „aktiven Tendenzkunde" (Bloch, 1976, S. 346).

Die Verarbeitungsformen des Augenblicks enthalten in verschiedener Gewichtung beides: sowohl das der hoffenden Seite folgende entschiedene Bekenntnis, als auch die der ängstigenden Seite folgende Resignation.

Ersteres mag mehr im „Trotz Alledem", zweiteres in der Routine aufzufinden sein. Obwohl bei Bloch beides als Möglichkeit erscheint, ist die Seite der Hoffnung sein credo. In dieser Tendenzkunde müssen sich nach Bloch zwei Dimensionen ergänzen, der „Kältestrom", die nüchterne Bedingungsanalyse und der „Wärmestrom" in Form von Intention, Vision, Ziel, Sehnsucht, um eine wirkmächtige Utopie zu gebären. Wärmestrom aber ist somit auch hoffen, sehnen, wollen, wünschen. (Bloch, 1976, S. 235 ff.)

Tagträume
Subjektiv wird bei ihm die dominierende Bewegung nach vorn besonders im Tagtraum sichtbar, als einem Entwurf, einem Plan gegen das „schlecht Vorhandene".

Und genau an dieser Stelle nun bildet sich das, was das Wunschhafte in den Erwartungsaffekten, den allemal dem Hunger entspringenden, aufreizt, was gegebenenfalls ablenkt und erschlafft, gegebenenfalls aber auch aktiviert und aufs Ziel des besseren Lebens hinspannt: es bilden sich Tagträume. Sie kommen allemal von einem Mangeln her und wollen es abstellen, sie sind allesamt Träume von einem besseren Leben.
(Bloch, 1976, S. 85)

Auch das Tagträumen hat bei Bloch zwei Seiten: Es ist Nahrung für die Hoffnung und drängt auf Verwirklichung der in der Realität angelegten Möglichkeiten, es lenkt aber auch ab von ihr. Als vorantreibende Kraft ist es jedoch unentbehrliche Voraussetzung für veränderndes Handeln des Subjekts, und es hält dieses Verändernwollen am Leben, ist somit der Ursprung für alle Utopie. Das klingt schon fast therapeutisch und weist Parallelen auf zu unsrer Vorstellung vom Jetzt als wesentlichem Focus, sowie zur finalen Tendenz der Seele. Aber, obwohl wir es hier mit einem nah verwandten Konstrukt zu tun haben, ist es bei Bloch jedoch nicht therapeutisch gemeint, auch nicht positivistisch, sondern als analytische Erweiterung der marxistischen Sicht vom gesellschaftlichen Prozess und der Kraft des Subjekts.

Prinzip Verantwortung
Als Antwort auf Bloch formulierte der Philosoph Hans Jonas 1979 das Prinzip Verantwortung. Er sah die zunehmenden Probleme einer technologisch orientierten Entwicklung und formulierte in Anlehnung an Kants kategorischen Imperativ: „Handle so, daß die Wirkungen deine Handlungen verträglich sind mit der Permanenz echten menschlichen Lebens auf Erden." (Jonas, 1979, S. 36)

Und zum Thema Hoffnung meinte er im Gegensatz zu Bloch: „Der schlechten Prognose den Vorrang zu geben gegenüber der guten, ist verantwortungsvolles Handeln im Hinblick auf zukünftige Generationen." Aber das Prinzip Verantwortung und das Prinzip Hoffnung müssen sich nicht ausschließen. Handelten wir nicht auch verantwortungslos zukünftigen Generationen gegenüber, wenn wir der Hoffnung keinen Raum mehr ließen?

Bloch und C. G. Jung
An Freuds Psychoanalyse und insbesondere am Denken Jungs übte Bloch ebenso harsche wie fragwürdige und recht unkundig erscheinende Kritik, teils mit heftigsten Schmähworten, auf die ich hier nicht tiefer eingehen möchte. Ich verweise auf Tilman Evers, der sich intensiv mit dem Bezug zwischen Bloch und Jung befasst hat. In Anlehnung an ihn gehe ich davon aus, dass es im Grunde sehr viele Gemeinsamkeiten zwischen beiden gibt und dass gerade darin die Abstoßung gründet. Zweifellos sind die Parallelen unverkennbar. Wir streben irgendwo hin, solange wir leben, wir gehen vorwärts, manchmal zurück, was auch ein Vorwärts sein kann.

Bei beiden ist das prospektive, das vorausschauende, das Lösung suchende, finale Element von herausragender Bedeutung. In diesem Gesichtspunkt insbesondere sind sich Bloch und Jung sehr nah, näher vielleicht, als es Bloch lieb war. Bei Bloch und Jung ist das prospektive, das finale, das Lösung suchende Element von herausragender Bedeutung.

Im analytischen Prozeß, d.h. in der dialektischen Auseinandersetzung zwischen dem Bewußtsein und dem Unbewußten, gibt es eine Entwicklung, ein Fortschreiten zu einem Ziel oder Ende, dessen schwer zu enträtselnde Natur mich über viele Jahre beschäftigt hat... Solche Erfahrungen haben mich zuerst in der Annahme bestärkt, dass es in der Seele einen von äußeren Bedingungen sozusagen unabhängigen, zielsuchenden Prozess gebe.
(Jung 1943, § 59)

Ohne diese final-schöpferische Kraft wäre ein therapeutischer Prozess nicht möglich, ja unsinnig und eine konkrete Utopie nicht denkbar. Wir können nicht machen, wir können nur jenen Kräften, die in der Kindheit so stark sind, helfen, sich wieder Raum zu verschaffen. Man mag dieses Element auch eschatologisch oder teleologisch nennen.

Beim Nachsinnen über diese Energie kommt mir oft das Bild von der Quelle, vom Bach, der aus der Erde springt, sich seinen Weg sucht, Hindernissen begegnet, sie umfließt, neue Wege sucht, dessen Kraft nie en-

Kinder hüpfen und springen gerne aus reiner Freude am Dasein und der eigenen Lebendigkeit.
(Sergey Nivens, AdobeStock_161755320)

det bis er im Meer vereinigt wird mit dem großen Wasser. Wird er begradigt, von Menschen umgeleitet, verliert er seinen natürlichen Lauf, was sich bekanntermaßen oft rächt. Es geht eher um das Befreien und Wiederentdecken der in uns mehr oder weniger verborgenen eigenen Spur und das Wiedererwecken der Sehnsucht nach Sinn und erfülltem Dasein. Wir tragen diese Werte schon in uns, sie sind oft verschüttet unter Hader und Angst.

Was bleibt?

Es bleibt, dass wir ohne die Hoffnung nicht sein können. Wir haben eine Vergangenheit und eine Zukunft. Während die Vergangenheit die Hoffnung zuweilen nährt, zuweilen aber auch in Frage stellt, ist die Zukunft mit der Hoffnung eng verflochten. Wir können Zukunft ohne Hoffnung fast nicht denken, nicht wagen.

Zwar haben wir auch oft große Befürchtungen und Zweifel, aber was uns voran gehen lässt, ist am Ende doch die Hoffnung. So ist es nur schlüssig, dass sich das Wort im Ursprung von hopen = hüpfen ableitet. So ungreifbar und vage sie oft sein möge, ist sie doch das uns immer Begleitende, an dem wir uns festhalten. Es bleibt uns nichts anderes, aber sie ist wie ein schwankendes Schilfrohr. Wir haben nur sie, und sie scheint stark genug zu sein, damit wir weiterleben. Sie ist die eigentliche sinnstiftende Kraft ohne jegliche Sicherheitsgarantie.

Literatur

Bloch, E. (1976). *Das Prinzip Hoffnung*. Suhrkamp.

Bloch, E. (1977). *Tübinger Einleitung in die Philosophie 1977*. Suhrkamp

Evers, T. (1987). *Mythos und Emanzipation: eine kritische Annäherung an C. G. Jung*. Junius.

Jonas, H. (2003) *Das Prinzip Verantwortung: Versuch einer Ethik für die technologische Zivilisation*. Suhrkamp.

Jung, C. G. (1943). *Psychologie und Alchemie*. 1943. (GW 12). Walter.

Hans Dieter Knoll
Dr. rer. soc., Dipl.-Psych., Analytischer Psychotherapeut in freier Praxis.

„Bleibt, ihr Engel, bleibt bei mir"

Ursula Bernauer

Wenn Menschen einander von ihren Alltagserlebnissen erzählen, ist nicht selten vom Engel die Rede – eine erstaunliche Tatsache angesichts unserer durchgeplanten Lebenskonzepte. Offenbar bleibt der Engel präsent, unerwartet kann er hereinkommen, besonders dann, wenn wir seiner Hilfe am meisten bedürfen.

So wie kürzlich bei dem älteren Mann, der bei seinem Corona-Waldspaziergang unglücklich gestürzt war. Ernsthaft verletzt, schaffte er es noch bis zum Forstweg, wo, o Wunder, ein parkendes Auto stand, in das eben eine Frau einstieg. „Ich fahre Sie ins nächste Dorf", sagte sie, „gute zehn Kilometer, seit heute hat unser Doktor wieder Sprechstunde." Gerettet und aufgerichtet reibt sich der Wanderer dankbar die Augen: „Mir sind Engel begegnet", erzählt er später, „wer denn sonst?".

Gäbe es den Engel nicht, was wäre das menschliche Leben? Arm wäre es und Lebensnotwendiges würde ihm fehlen wie die Erfahrung, dass mitten im Alltag Unverhofftes aufscheint oder der Seele unversehens Flügel wachsen. Engel – unvermutet spüren wir ihre Nähe, in der Errettung aus einer Not, in tröstender Gewissheit, aber auch im Erschrecken und Wachgerütteltwerden.

Engel – das kann ein Mensch sein, eine Vision, ein Traum oder ein Ereignis, wodurch eine Situation plötzlich in neuem Licht erscheint, wenn auch nur einen Flügelschlag lang – sei es als rettender Einfall oder unverhoffte Wende z. B. in einer Beziehungskrise, einem Krankheitsverlauf. Es kommt vor, dass in einer verfahrenen Situation plötzlich ein Mensch auftaucht, der genau das Richtige sagt oder tut, und alles wird anders – „Dich hat der Himmel geschickt", sagen wir dann, oder „Du bist ein Engel." Aufatmen. Vielleicht ist es das Gefühl von Leichtigkeit, das in einer solchen Lage an einen Engel erinnert. Es heißt ja, Engel könnten deshalb fliegen, weil sie sich leichtnehmen (Chesterton).

Tobias (in einer Spätschrift des Alten Testaments, Tobit 5, 4 ff.) wird von Erzengel Raphael auf seiner Wanderschaft begleitet (Maler nicht zu ermitteln).

Der Engel ist eine populäre Gestalt, verankert im kollektiven Bewusstsein unserer Alltagssprache – weshalb er auch grenzenlos vermarktet werden kann! – kommt er doch unseren elementaren Schutzbedürfnissen entgegen, die wir seit frühster Kindheit in uns tragen. In vielen innigen Kindergebeten ist dieser Erfahrungsschatz vom himmlischen Beistand und Schutz auf allen Wegen aufbewahrt, und es ist nicht verwunderlich, dass auf unzähligen Bilddarstellungen Engel und Kind buchstäblich Hand in Hand gehen. So heißt es in einem Liedtext des Barockdichters Paul Gerhardt

Will Satan mich verschlingen,
so lass die Englein singen,
dies Kind soll unverletzet sein.

In der Tat – so sagt der Alttestamentler Claus Westermann:

Käme kein Engel mehr, so ginge die Welt unter. Solange Gott die Erde trägt, schickt er seinen Engel.

Dafür spricht die Tatsache, dass es keine Kultur, keine Religion auf der Welt gibt, in der nicht geflügelte Schutzgeister auftauchen in irgendeiner Form. Sie gehören zu den ältesten Überlieferungen der Religionsgeschichte als mächtige Gestalten zwischen Götter- und Menschenwelt. Und heute schwebt die nicht minder stattliche Engelsfrau der Niki Saint-Phalle im Hauptbahnhof Zürich über den Köpfen der Menschen. Es scheint einem tiefen seelischen Bedürfnis zu entsprechen, dass wir über uns eine geflügelte Schutzgestalt wissen.

Ist der Engel eine Chiffre für unsere wiederkehrende Erfahrung, dass die Welt nicht geschlossen ist und wir nicht allein sind? Mit dieser Botschaft jedenfalls zieht sich das Bild des Engels durch Jahrhunderte einer reichen Kunstgeschichte in wechselnden Gestalten. Wo immer der Engel auch erscheint: Er fasziniert durch seine Präsenz, ist er doch ganz Auge, ganz Ohr.

„Colloquium cum suo angelo bono"

Der Engel berührt. Und wo diese Berührung geschieht, begegnet der Mensch seiner Seele. Bei Meister Eckhart, dem großen Mystiker des Mittelalters, heißt das so:

Wenn Gott seinen Engel zur Seele sendet, so wird sie erkennend. Denn beide, der Engel und die Seele, sind nach Gott gebildet und sie treffen sich da, wo alle Dinge eins sind.

Meister Eckhart spricht hier in mystischer Sprache von der Einheitswirklichkeit, in der alle Seinsebenen miteinander verbunden sind („unus mundus").

Dieses tiefe Wissen hat eine Entsprechung und Weiterführung in der Psychologie C. G. Jungs, vor allem in seinen Einsichten über die Wirkung der Archetypen. Er geht davon aus, dass unsere Seele transzendente Wirklichkeit erfährt durch die ihr innewohnenden Bilder, die in ihrer Anschaulichkeit und ge-

Nana-Engel von Niki Saint-Phalle im Hbf Zürich

fühlsmäßigen Faszination unser Leben tragen, inspirieren und verwandeln können.

Tiefenpsychologisch betrachtet ist der Engel also ein archetypisches Bild, das wir nicht mit unserem Bewusstsein erfassen, wohl aber uns öffnen können für das, was aus den Tiefen unserer seelischen Natur aufsteigt. „Nur das, was auf mich wirkt, ist wirklich", heißt es bei Jung, wobei er keinen Zweifel daran lässt, dass die Archetypen wie alle numinosen Inhalte nicht einfach rational integriert werden können. Vielmehr ist er der Überzeugung, dass sie von uns ein dialektisches Verfahren verlangen, will heißen eine eigentliche Auseinandersetzung mit ihnen. Jung nennt sie „Colloquium cum suo angelo bono" – das Zwiegespräch mit meinem guten Engel (Jung, GW 9/1, § 85). Der Engel als Grenzgänger und Vermittler zwischen bewusstem Ich und dem Unbewussten fordert heraus zu fortwährender Übersetzungsarbeit.

Wer sich auf die Suche macht nach Erfahrungen solcher Zwiesprache zwischen Mensch und Engel, der wird einen großen Schatz finden in den Geschichten der Bibel. Denn angelus, der Bote Gottes, durchzieht die gesamte Heilsgeschichte. Im Alten Testament ist 350 Mal vom Engel die Rede, wie er wirkmächtig hereinbricht in das menschliche Leben, ob bei Daniel, den ein Engel aus der Löwengrube befreit, oder beim Propheten Elia, der vom Engel geweckt wird, als er nicht mehr weiterwill und unterm Ginsterbusch eingeschlafen ist. „Nimm und iss, du hast noch einen weiten Weg", sagt der ihm und bringt ihm einen Krug voll frischen Wassers und Brot, in glühender Asche gebacken.

Im Neuen Testament schließlich sind die Engel gegenwärtig an allen Stationen der Heilsgeschichte von der Verkündigung der Geburt Jesu bis zur dunklen Nacht am Ölberg und der Begegnung mit den weinenden Frauen am Ostermorgen.

In der Tradition des Judentums, des Christentums wie auch des Islam ist der Engel allgegenwärtig: Er erscheint, wenn Krisen, Gefahren, Grenzen zu bewältigen sind oder kündigt Neues an. Als archetypische Kraft verweist er stets auf die andere Seite, die (noch) nicht gesehen werden kann oder will, indem er mit leisem Wirken einen Unterbruch schafft oder Einhalt gebietet. Der Engel heilt, stärkt, rettet, wobei – das zeigt der Blick in die Texte – er niemals und an keiner Stelle etwas tut ohne uns, immer nur mit uns. Entscheidend ist, ob und wie der Mensch auf diese numinose Kraft antwortet. Dazu drei Geschichten aus der Bibel, die an Erfahrungen im eigenen Leben erinnern mögen. Das Colloquium mit dem Engel ist vielgestaltig und grenzenlos …

„Steh auf"
(Petrus im Gefängnis in Apg 12, 1-11)
Petrus ist von König Herodes Agrippa ins Gefängnis geworfen worden, um ihn am nächsten Morgen vorführen und töten zu lassen. Es ist Nacht. Petrus liegt gefesselt am Boden, bewacht von Soldaten, als ein Engel hinzutritt und den Raum mit Licht erfüllt.

Er stieß Petrus in die Seite, weckte ihn und sagte: schnell, steh auf. Da fielen die Ketten von seinen Händen. Der Engel aber sagte: gürte dich und zieh deine Sandalen an. Er tat es. Und der Engel sagte: wirf deinen Mantel um und folge mir. Petrus ging hinaus und folgte ihm, ohne zu wissen, dass es Wirklichkeit war, was durch den Engel geschah. Es kam ihm vor, als habe er eine Vision. Sie gingen an der ersten und zweiten Wache vorbei und kamen an das eiserne Tor, das in die

Stadt führt. Es öffnete sich ihnen von selbst, sie traten hinaus, gingen eine Gasse weit und sogleich verließ ihn der Engel. Da kam Petrus zu sich, „wahrhaftig, nun weiß ich, dass Gott seinen Engel zu mir gesandt hat."

Eindrücklich in dieser Erzählung aus der Apostelgeschichte ist die Wachheit, mit der Petrus in lebensbedrohlicher Lage auf die Erscheinung des Engels reagiert. Der gibt ihm klare Anweisungen, die er sofort umsetzt, d. h. der Mensch antwortet im konkreten Tun, wozu ihn der Engel aufgefordert hat – und das, obwohl er noch gar nicht begreift, was ihm in dieser Begegnung widerfährt. Befindet er sich doch in einem Zwischenraum von bewusst und unbewusst, denn, wie es heißt, weiß er nicht, ob diese Begegnung Wirklichkeit ist oder eine Vision.

Entscheidend jedoch ist, dass Petrus dem Engel vertraut, sich berühren lässt und antwortet: Er steht sofort auf und folgt ihm. So gelingt Befreiung. Petrus ist gerettet und sogleich verschwindet der Engel ebenso schnell, wie er gekommen war – in dieser wie auch in anderen biblischen Geschichten.

So ist der Engel: Er handelt niemals für uns, das müssen wir schon selber tun: aufstehen, Sandalen anziehen, durch das Tor gehen. – Der Engel weckt und führt – aber manchmal sind wir auch taub und blind. Hat nicht Nelly Sachs unser Drama sehr gut beschrieben, wenn sie sagt:

Ihr Ungeübten, die in den Nächten nichts lernen, viele Engel sind euch gegeben, aber ihr seht sie nicht.

Oft müssen uns erst die Augen geöffnet werden für die Begegnung mit dem Engel.

„Ich habe ja nicht gewusst …"
(Bileam und die Eselin im 4. Buch Mose)
Der wohl älteste Engelstext in der Bibel ist überliefert im 4. Buch Mose (Numeri) mit der Geschichte von Bileam und seiner Eselin. Bileam, ein hoch angesehener Mann, wurde vom König von Moab beauftragt, die Israeliten mit einem Fluch zu belegen, wenn sie durch sein Land ziehen, damit er sie besiegen könne. Bileam nimmt ohne Zögern diesen Auftrag an und macht sich mit seiner Eselin auf den Weg.

„Als der Esel den Engel des Herrn sah, ging er unter Bileam in die Knie. Bileam aber wurde wütend und schlug den Esel." (Koberger Bibel 1483)

„Da trat der Engel des Herrn dem Bileam in den Weg", wie es heißt. Bileam merkt davon nichts, wohl aber seine Eselin, die den Engel mit dem gezückten Schwert in der Hand wahrnimmt und deshalb vom Weg abgeht. Das erzürnt den Bileam, er schlägt auf das Tier ein, schließlich will er seinen Weg fortsetzen. Dies wiederholt sich noch zweimal, bis Gott der Eselin den Mund auftut: *„Was hab ich dir denn getan, dass du mich schlägst?"* Das verwundert Bileam, er hält inne, und erst jetzt kann auch er den Engel sehen.

In der nun folgenden Zwiesprache mit dem Engel erkennt er die tödliche Gefahr, in der er sich befunden hat, ohne es zu merken. Hatte er doch – Befehl ist Befehl! – die Mission des Königs blind ausgeführt. *„Ich habe ja nicht gewusst, dass du mir entgegenstandest"*, sagt er zum Engel. *Ich habe ja nicht gewusst.* Eben, wie hätte er auch wissen, den Engel erkennen können, war er doch als Befehlsempfänger des Königs ganz gefangen im eigenen Anspruch von Pflichterfüllung und damit abgeschottet gegenüber den Botschaften aus dem Unbewussten.

Doch Bileam bleibt nicht in seiner Vereinseitigung stecken: Die Eselin ist es, die wachsame Instinktnatur, dazu seine weibliche Seite, die ihm die Augen öffnet. Die macht fähig zur Engelsbegegnung. Mit ihrer Hilfe – und dank ihrer leidensfähigen Durchhaltekraft – kann Bileam nun den Engel erkennen, der sich ihm in den Weg gestellt hat – zur eigenen Rettung wie der seines ganzen Volkes. Bileam kehrt um, und statt des Fluches im Sinne des Königs, spricht er den Segen über Israel aus. Dies ist eine bewegende Geschichte, die in Petor am Euphrat spielt, dem heutigen Irak, 1.200 v. Chr.

„Ich lasse dich nicht" – das Ringen mit dem dunklen Engel (Gen 32, 24-31)

Wie diese biblischen Erzählungen verdeutlichen, gibt es für die Zwiesprache mit dem Engel unterschiedliche Ausgangspunkte. Was aber, wenn die Begegnung mit dem Engel im Dunkel bleibt, nicht erkennbar und kein Helfer in der Nähe ist? Wie wir wissen, hat jeder Archetyp eine helle und eine dunkle Seite: So bleibt auch der Engel wie alle numinosen Phänomene ein Mysterium, fascinosum et tremendum. *„Jeder Engel ist schrecklich"*, heißt es bei Rilke, der sich ein Leben lang mit der Gestalt des Engels auseinandergesetzt hat. Nicht von ungefähr leiten die Engel in der Bibel ihr Erscheinen oft ein mit dem Satz: *Fürchtet euch nicht!* Wenn der Mensch dem Engel in seiner dunklen Macht begegnet, kann es zum Kampf kommen, der sein Leben radikal verändert. In unnachahmlicher Weise geschieht dies in der Erzählung vom Jakobskampf im Alten Testament.

Jakob ist auf dem Rückweg in seine Heimat voller Ungewissheit, wie er seinem Bruder Esau wiederbegegnen wird, den er betrogen hat. Da wird Jakob mitten in der Nacht der Weg versperrt am Flussübergang, als Familie und Besitz schon am anderen Ufer sind: *„da rang mit ihm ein Mann, bis die Morgenröte aufstieg"*, wie es heißt. Und Jakobs Hüftgelenk wurde verrenkt, als er mit ihm rang. Bei aller bedrohlichen Überlegenheit seines Gegenübers muss Jakob so fasziniert von ihm sein, dass er ihm die Bedingung stellt: *„Ich lasse dich nicht los, du segnest mich denn."* Da fragt ihn der andere, wie er heiße: *Jakob,* sagt er. Und bekommt die Antwort: *„Fortan sollst du nicht mehr Jakob heißen, sondern Israel, d. h. Gottesstreiter, denn du hast mit Gott und den Menschen gestritten und du hast obsiegt."*

Erst jetzt kann Jakob erkennen, dass es der Engel des Herrn war, mit dem er gerungen hat. Er hat aus dem nächtlichen Kampf eine hinkende Hüfte davongetragen, aber dafür das Sonnenlicht eines neuen Bewusstseins und eine neue Identität erhalten, die ihn zum Stammvater Israel macht.

Das Ringen mit dem dunklen Engel bedeutet Auseinandersetzung mit dem Schatten, ein Geburts- und Reifungsvorgang, von dem Jung sagt: *„Im religiösen Erlebnis begegnet der Mensch einem übermächtigen Anderen. Und nur das Übermächtige, welchen Ausdruck es auch annimmt, fordert den Menschen als Ganzes heraus und zwingt ihn, als Ganzheit zu reagieren"* (GW 19, § 655). Jakobs Kampf mit dem Engel ist für ihn eine Chiffre für dieses unausweichliche Ringen auf dem Weg der Ganzwerdung.

Wie der Psychoanalytiker Erik Erikson sagt, kommt der Mensch erst dann zu sich selbst, *„wenn er seine Neurose zum Engel des Herrn erhebt, mit dem er zu kämpfen hat und den* er nicht lassen wird, bis er ihn auch segnet!"*. Eine Frau, die nach tiefen seelischen Verstörtheiten mutig einen solchen Weg gegangen ist, bezeichnet im Nachhinein ihren Engel als heilsame Gestalt des „dennoch".

Dieses Ringen mit dem Engel wird uns Menschen ein Leben lang begleiten. Im Tod kommt uns der Engel, der immer hinter uns gegangen ist, entgegen und empfängt uns. So sagt es ein alter Volksglaube. Erst jetzt können wir erkennen, dass der Engel schon immer da war und um uns gewusst hat, besser als wir selbst mit unserem planenden Ich.

„Bleibt, ihr Engel, bleibt bei mir"

In der Tenor-Arie einer Bach-Kantate (*Es erhob sich ein Streit*, BWV 19) werden die Engel flehentlich angerufen, zu bleiben. „Bleibt ihr Engel, bleibt bei mir." Das berührt. Denn alle Engelserzählungen berichten übereinstimmend davon, dass der Engel gerade nicht bleibt. Und doch vermittelt diese dringliche Bitte etwas von Gewissheit, dass der Engel jederzeit ins Leben hereinkommen kann, wenn wir nur wach genug für ihn sind. Der Engel ist immer um uns, er kommt und geht, er verändert sein Gesicht und seine Gestalt, bis wir erkennen, dass er als innerer Seelengefährte unseren Weg begleitet, um die zu werden, die wir sind.

Literatur

Jung, C. G. (1983). *GW 10.* Walter.

Jung, C. G. (1976). *GW 9/1.* Walter.

Meister Eckhart (1979). *Deutsche Predigten und Traktate.* (Hrsg. von J. Quint). Hanser.

Vorgrimler, H., Bernauer, U..Sternberg, T. (2001). *Engel. Erfahrungen göttlicher Nähe.* Herder.

Ursula Bernauer
Dr. phil., Soziologin; Analytische Psychotherapeutin; ehem. Dozentin am C. G. Jung-Institut Zürich; Buchveröffentlichungen und Seminartätigkeit.

Gedanken zum Sinn von Religion

Johannes Dürr

Foto: Adobe Stock 257501676

Die Frage nach dem Sinn des Lebens zu stellen, ist ein grundlegendes Kennzeichen des Humanum: Als Frage „wozu lebe ich?" – als Frage nach dem Sinn von kollektiven Größen und als Frage nach dem Sinn von Sein überhaupt: Was ist Grund und Sinn unseres Daseins? Noch grundlegender formuliert: Warum ist überhaupt etwas und nicht nichts?

Dass Menschen von der Sinnfrage umgetrieben sind, zeigt sich besonders in Zeiten der Krise, in denen grundlegende Orientierungen und Gewissheiten in Frage gestellt sind: sei es durch Krieg, Pandemie oder Klima- und Mitweltkrise. Es ist kennzeichnend, dass *Die Zeit* im Herbst 2021 ein Print-Online-Projekt zum Themenbereich *Sinnsuche* startete. Ein Hintergrund dafür sei, dass immer weniger Menschen sich zum Glauben bekennen. Doch gerade in einer so kirchenfernen Zeit sei das Bedürfnis nach Spiritualität groß.

Dass immer mehr Menschen auf Sinnsuche sind, stellt auch Tatjana Schnell fest, Psychologieprofessorin in Innsbruck, die sich schwerpunktmäßig mit Sinnforschung befasst. Sie stellt fest: Eine wichtige Sinndimension ist die Hinwendung zum Übernatürlichen in Form von Religion und Spiritualität. Aber es gibt weitere Sinndimensionen innerweltlicher Art: Zum Beispiel soziales Engagement oder Naturverbundenheit – oder auch das Bestreben nach Selbstverwirklichung. Religion ist zwar eine mögliche Antwort auf die Frage nach dem Sinn des Lebens. Aber ein verbindlicher, allgemeiner Sinnhorizont wie im christlichen Mittelalter ist längst verloren gegangen, und nicht alle spirituellen Phänomene lassen sich religiös deuten.

Von daher ist zu fragen: Was kann heute als Sinn von Religion gelten? Und was hat Religion heute zur Sinnfrage zu sagen? Dies soll im Folgenden nach drei Gesichtspunkten bedacht werden.

1. Gott und die Sinnfrage

Gott kann verstanden werden als der absolute, unendliche Sinn, Grund für alle Sinngebung und von allem, was ist. Insofern ist er nichts Seiendes, und insofern können wir als Menschen eigentlich gar nicht von ihm reden, uns Vorstellungen von ihm machen oder ihn gar definieren. Und doch sollen wir uns von ihm ansprechen lassen und von ihm reden. Anhaltspunkte dafür sind biblische Überlieferungen von Menschen, die sich von Gott angesprochen wussten. Genannt sei zuerst, was in Genesis 1,27 steht: Dass Gott den Menschen zu seinem Bilde schuf. Insofern kann Gott als personales Gegenüber zu seinem Ebenbild verstanden werden, symbolisiert z. B. im Bild des Vaters im Himmel.

Dornbusch im Katharinenkloster im Sinai in Ägypten. Das Katharinenkloster ist eines der ältesten Klöster der Christenheit. Gleichzeitig ist es ein Ort, wo sich jüdische, christliche und islamische Kulturgeschichte berühren. Wegen seiner isolierten Lage gehört das Katharinenkloster zu den wenigen Klöstern, die nie zerstört wurden. Dort befand sich nach der Überlieferung der brennende Dornbusch, in dem sich Gott Mose offenbarte (wikipedia).

Eine weitere grundlegende Aussage ist in der Begegnung von Mose mit Gott am brennenden Dornbusch zu finden (Exodus 3, insbesondere Vers 14). Hier im Raum des Heiligen, Numinosen erhält Mose auf seine Frage nach dem Gottesnamen die Antwort, die als eine Art Sinnverheißung verstanden werden kann: „Ich bin / werde sein, der ich bin / sein werde", sinngemäß gilt auch „Ich bin der, der immer für euch da ist." Insofern kann Gott als Urgrund des Seins gelten und mit Worten von Paul Tillich als das, was uns unbedingt angeht. Dieses kann dann auch als geistige Kraft und Energie verstanden werden, als Lebensatem in allem, was lebendig ist.

Beide Sichtweisen – die personale und die geistig-energetische – können sich durchaus ergänzen, auch wenn sie sich zu widersprechen scheinen. Vorsichtig gesprochen in Entsprechung zu einer wissenschaftlichen Sicht der Wirklichkeit: Lichtquanten und Elektronen können zugleich als Welle wie als auch als Teilchen verstanden werden und in einem komplementären Verhältnis zueinander stehen. Wissenschaftlich kann allerdings nur ein geringer Teil der Wirklichkeit des Universums erfasst werden – ca. 27 Prozent davon gelten derzeit als „dunkle Materie" und ca. 70 Prozent als „dunkle Energie", über deren Natur es nicht mehr als Hypothesen gibt. Und erst recht bleibt es ein Geheimnis, was alledem zugrunde liegt.

Wenn nun Gott als Urgrund des Seins verstanden wird, bleibt er ein zwar wirksames, doch unauflösbares „Geheimnis der Welt" (Eberhard Jüngel). Von ihm sollen sich die Menschen kein Bildnis oder Gleichnis machen (Exodus 20,4). Zugleich gilt aber: Gott wollte zur Welt kommen. Er wird in der Person von Jesus Mensch. Der kann als Bildnis und Gleichnis für Gott gelten, als „Ebenbild des unsichtbaren Gottes" (Kolosser 1,15). Er spricht die Menschen an und will, dass sie durch die Begegnung mit dem Göttlichen menschlicher werden.

Dieser Mensch Jesus wusste sich in einzigartiger Weise mit Gott verbunden, wie es z. B. in Johannes 10,30 heißt: „Ich und der Vater sind eins." Doch wie ist diese Einheit zu denken? In der Tradition des christlichen Glaubens hat man von einer göttlichen und einer menschlichen Natur von Christus gesprochen und viel darüber spekuliert, wie sich beide zueinander verhalten. Scheinbar stehen sie in Widerspruch zueinander, aber auch hier kann man von einem komplementären Verhältnis sprechen, ohne dass dieses begrifflich definitiv fixiert werden müsste.

Komplementär gesehen werden können auch zwei konträre Seiten Gottes: Gott als das allmächtig Gute und zugleich als einer, der das Leiden in der Welt nicht verhindert hat – ein Gegensatz, der nur durch die Liebe überwunden werden kann, die auch bereit ist, Leiden auf sich zu nehmen. Dafür steht wieder Jesus, die Mensch gewordene Liebe Gottes. Er entzieht sich nicht dem Leiden bis hin zur Gottverlassenheit – und ruft doch nach Gott.

Während sein Jünger Petrus überhaupt keinen Sinn in einem solchen Leiden sieht (siehe z. B. Markus 8,31 ff.), erweist sich als tiefster Sinn göttlicher Liebe, dass sie Anteil hat und Anteil nimmt am Leidenden und Sterbenden und so eine Auferstehung geschieht – die verstanden werden kann als Aufstand der Liebe gegen die Macht des Todes, auch im Sinn von Jesus, der sagte, dass bei Gott nichts unmöglich sei (Matthäus 17,20 und 19,26). Und so geschah einst das Unwahrscheinlichste: dass dieser eine Gekreuzigte mit seiner Botschaft und seinem Handeln im Sinn des kommenden Gottesreiches die Welt veränderte wie wenige andere. Und dass bis heute gilt, was das Johannesevangelium (14,19) als Jesuswort formuliert: „Ich lebe, und ihr sollt auch leben."

2. Sinnsuche, Sinnfindung und Gotteserfahrung

Fragt man Menschen heute, was ihnen im Leben Sinn gibt, so heißt es häufig: „Die Familie, Liebe und Freundschaften" (so Tatjana Schnell). Ziel ihrer Sinnsuche sind also gute und starke Beziehungen. Und darin finden sie zugleich zu sich selbst – zu einem Selbst, in dem nicht mehr das Ego bestimmend ist – einem Selbst, in dem der Mensch zu dem findet, was er sein soll; letztlich bestimmt von einem Größeren, in dem er sich wiederfinden kann.

Sinnsuche ist also von Sinnfindung zu unterscheiden. Auch wenn ich mich noch so sehr bemühe: Ich kann nicht allein von mir aus eine gute Beziehung herstellen, sondern bin darauf angewiesen, dass sie mir erwiesen, geschenkt wird.

Diese Struktur findet sich nun auch im religiösen Bereich – in der protestantischen Tradition besonders im Vorgang der Rechtfertigung. Dass der Mensch zu seiner wahren Bestimmung kommt, verdankt er nicht eigener Leistung und nicht dem Nutzen seines Lebens, sondern dem Geschenk liebevoller göttlicher Zuwendung – auch Gnade genannt. Sie wird ihm zur Quelle eigener Zuwendung. Sie äußert sich (nach Galater 2,22 f.) in den Früchten des Geistes: Liebe, Freude, Friede, Geduld, Freundlichkeit, Güte, Treue, Sanftmut, Selbstbeherrschung – man könnte dabei auch von Sinngehalten sprechen.

Aber wie kann diese Zuwendung, dieses Bejaht-Sein erfahren werden?

Exemplarisch seien hier Gedanken des amerikanischen Franziskanerpaters Richard Rohr aufgenommen: Unter echter Spiritualität versteht er eine Suche nach Vereinigung mit dem Göttlichen hier und jetzt – in „purer Präsenz". Es geht bei einer solchen Sinnsuche darum, für die Sinnfindung bereit zu sein, die einem nur als pures Geschenk widerfahren kann. Solche Präsenz versteht sich als Kontemplation, als innere Erfahrung der Mystiker, wie sie in östlichen Religionen, aber auch im Christentum zu finden ist, angefangen mit Jesus. Solche reine Erfahrung bedeutet die Überwindung eines dualen, polaren Denkens, von dem das Ego bestimmt ist. So wie Jesus davon spricht, man müsse sich selbst verlieren, um sich selbst zu finden (Lukas 9,24).

Dieses tiefere und wahre Selbst kann auch als kollektiv Unbewusstes verstanden werden, bei dem man Anteil gewinnt an einem Größeren, an einem neuen Sein, bestimmt vom göttlichen Wesen; ein Sein, von dem z. B. Paulus in Galater 2,20 schreibt: „Ich lebe, doch nun nicht ich, sondern Christus lebt in mir" – jener, „der mich geliebt hat" – was wiederum als Ge-

Was sind Ressourcen? (8)

C. G. Jung meint zum „Göttlichen Kind"

Das rings von psychischen Mächten beschützte, getragene oder bedrohte und betrogene Bewusstsein ist Urerfahrung der Menschheit. Diese Erfahrung hat sich projiziert im Archetypus des Kindes, welches die Ganzheit des Menschen ausdrückt. Es ist das Verlassene und Ausgelieferte, und zugleich das Göttlich-Mächtige, der unansehnliche, zweifelhafte Anfang und das triumphierende Ende.
C. G. Jung, GW 9/1, § 300

Das „Kind" tritt als eine Geburt des Unbewussten aus dessen Schoß hervor, gezeugt aus der Grundlage menschlicher Natur, oder besser noch, der lebenden Natur überhaupt. Es personifiziert Lebensmächte jenseits des beschränkten Bewusstseinsumfanges, Wege und Möglichkeiten, von denen das Bewusstsein in seiner Einseitigkeit nichts weiß, und eine Ganzheit, welche die Tiefen der Natur einschließt. Es stellt den stärksten und unvermeidlichsten Drang des Wesens dar, nämlich den, sich selber zu verwirklichen.
Der Drang und Zwang zur Selbstverwirklichung ist Naturgesetzlichkeit und daher von unüberwindlicher Kraft, auch wenn der Beginn ihrer Wirkung zunächst unansehnlich und unwahrscheinlich ist.
C. G. Jung, GW 9/1 § 289

Im Erwachsenen steckt nämlich ein Kind, ein ewiges Kind, ein immer noch Werdendes, nie Fertiges, das beständiger Pflege, Aufmerksamkeit und Erziehung bedürfte. Das ist der Teil der menschlichen Persönlichkeit, der sich zur Ganzheit entwickeln möchte. Von dieser Ganzheit aber ist der Mensch unserer Zeit himmelweit entfernt.
C. G. Jung, GW 17, § 286

schenk der Gnade Gottes, seiner liebevollen Zuwendung verstanden wird.

Gott als der ganz Andere und Gott, der doch zur Welt gekommen ist und sich dort finden lässt – gerne werden diese beiden Gesichtspunkte in der Theologie gegeneinander ausgespielt. Wenn z. B. C. G. Jung davon spricht, Gott sei eine erfahrbare Größe, heißt das noch nicht, dass er mit dem identisch ist, was sich in der menschlichen Psyche ereignet. Vielmehr geht es darum, dass Religion ohne Erfahrung und persönliche Aneignung wenig Sinn macht und ein Gedankengebilde bleibt.

Was in der Erfahrung erlebt wird, ist eine Voraussetzung für eine Lebensgestaltung nach religiösen Werten und zugleich ein Geschenk der Gnade Gottes. So nennt es auch C. G. Jung:

Es ist gleichgültig, was die Welt über religiöse Erfahrung denkt; derjenige, der sie hat, besitzt den großen Schatz einer Sache, die ihm zu einer Quelle von Leben, Sinn und Schönheit wurde und der Menschheit einen neuen Glanz gegeben hat. Er hat Pistis und Frieden. Wo ist das Kriterium, welches zu sagen erlaubte, dass solch ein Leben nicht legitim, dass eine solche Erfahrung nicht gültig und solch eine Pistis bloße Illusion sei?
Gibt es tatsächlich eine bessere Wahrheit über die letzten Dinge als diejenige, welche einem hilft zu leben? Niemand kann wissen, was die letzten Dinge sind. Wir müssen sie hinnehmen, wie wir sie erfahren. Und wenn eine solche Erfahrung dazu hilft, das Leben gesünder oder schöner oder vollständiger oder sinnvoller zu gestalten, für einen selbst wie für die, die man liebt, so kann man ruhig sagen: „Es war eine Gnade Gottes."
(Jung, GW 11, § 167).

3. Sinn von Religion und Lebensgestaltung

Seit dem 8. Jahrhundert vor Christus lassen sich in östlichen wie in westlichen Kulturen grundlegende geistige und religiöse Umbrüche feststellen – der Philosoph Karl Jaspers spricht von einer Achsenzeit. Archaische Sakral- und Herrscherreligionen werden von Propheten und Religionsstiftern kritisiert: Von Buddha in Indien, Konfuzius und Laotse in China, von griechischen Philosophen und jüdischen Propheten. Der Sinn von Religion ist nicht mehr vornehmlich, Wege der Erlösung in ein Jenseits zu weisen und bestehende Strukturen im Diesseits zu legitimieren. Vielmehr steht jetzt im Vordergrund die Frage nach dem rechten Verhalten und nach einem guten, gerechten Leben für alle Teile der Bevölkerung.

Grundlegend für die Erfahrung Israels wird die Befreiung aus der Sklaverei in Ägypten. Gott wird verstanden als ein Befreier-Gott, wie es im Ersten Gebot heißt: „Ich bin der Herr, dein Gott, der ich dich aus Ägypten, aus der Knechtschaft geführt habe." (Exodus 20,2)

Dazu wird in den *Zehn Geboten* der Raum für ein sinnvolles Leben in Gerechtigkeit und im Frieden umschrieben. Sie sind Bedingung für die neugewonnene Freiheit. Als diese dann durch Gewaltherrschaft und soziale Spaltung in Arm und Reich bedroht ist, fordern Propheten das Gottesrecht ein und entwerfen das Bild einer gerechten und solidarischen Gesellschaft. Dies ist verbunden mit einer spirituellen Erneuerung, wie sie auch in anderen Religionen erfolgt, um Leiden zu verringern.

So lehrte Buddha, dass es auf rechtes Denken und rechtes Handeln ankommt. Mitgefühl, Weisheit und rechtes Tun sind bestimmend. Letzter Sinn und Ziel von Religion ist nach ursprünglicher Anschauung nicht die Erlösung in ein Jenseits, sondern eine Befreiung im Hier und Jetzt. So sieht es auch der inzwischen verstorbene vietnamesische Zen-Meister Thich Nhat Hanh und ruft zur Achtsamkeit als grundlegender Lebenshaltung auf.

Dass es auf das rechte Verhalten im Hier und Jetzt ankommt, sagt auch Jesus: „Sehet, das Reich Gottes ist mitten unter euch" (Lukas 17,21) – wobei das „mitten unter" beides heißen kann: In euren Herzen wie in eurem Miteinanderleben. Und als er bei seinem ersten öffentlichen Auftreten (Lukas 4,16ff) programmatisch die prophetische Verheißung aufnimmt, dass den Armen, Gefangenen, Kranken und Zerschlagenen geholfen und Freiheit geschenkt sein soll, schließt er mit den Worten: „Heute ist dieses Wort der Schrift erfüllt vor euren Ohren." Gemeint ist: Mit seinem Einsatz und wo immer Menschen danach handeln; nicht getrieben von der Gier nach immer mehr, sondern indem sie nach dem Maß der Genügsamkeit leben in materieller wie in spiritueller Hinsicht. Wie es in Johannes 10,10 heißt: „Ich bin gekommen, damit sie das Leben und volle Genüge haben" – und dann in 2. Korinther 9,8: „Gott aber kann machen, dass alle Gnade unter euch reichlich sei, damit ihr in allen Dingen allezeit volle Genüge habt und noch reich seid zu jedem guten Werk."

So kann der Sinn einer solchen Religion so verstanden werden, dass das persönliche Leben und das Miteinander in der Gemeinschaft am Liebesgebot ausgerichtet wird – wobei Liebe im biblischen Sinn zugleich Solidarität bedeutet – sich auf ein Miteinander aller Geschöpfe auf diesem Planeten bezieht wie auch darauf, dass künftige Generationen gleichfalls in guten Verhältnissen leben können.

Wie gefährdet ein solches Miteinander durch Krieg und Überschreiten planetarischer Grenzen ist, steht leider ganz aktuell vor Augen. So betrachtet könnte das ganze Weltgeschehen als sinnlos betrachtet werden. Umso wichtiger ist es, dass die spirituellen Ressourcen der Religionen zur Motivierung und zur Umwandlung problematischer Lebensverhältnisse eingesetzt werden; dass Menschen auch heute befreit werden aus eigensüchtigem wie auch resignativem Denken und Verhalten; dass sie zutiefst davon überzeugt sind, dass es sinnvoll ist, sich für das Leben einzusetzen – eine Überzeugung, die als Geschenk der Glaubensgewissheit gegen alle Anfechtung verstanden werden kann.

Es braucht nach Worten von Paul Tillich „Mut zum Sein" trotz Tod und Konflikten. Oder auch mit Worten des tschechischen Literaten und Politikers Vaclav Havel gesprochen:

Hoffnung ist nicht die Überzeugung, dass etwas gut ausgeht, sondern die Gewissheit, dass etwas Sinn macht, gleich wie es ausgeht.

Dass Menschen eine solche Hoffnung immer neu geschenkt wird in Verbindung mit Glaube und Liebe, darauf wird es ankommen. Oder wie es Eberhard Jüngel formuliert hat:

Im Glauben auf den von sich selbst zur Welt gekommenen Gott zurückkommend, in der Liebe von dem auch im Tode zu sich selbst kommenden Gott mitgenommen und in der Hoffnung dem als Gott kommenden und so der Liebe zum Sieg verhelfenden Gott entgegengehend, wahrt der Mensch Gott als Geheimnis der Welt.

Literatur

Gollwitzer, H. (1970). *Krummes Holz – aufrechter Gang. Zur Frage nach dem Sinn des Lebens.* Chr. Kaiser Verlag.

Gräb, W. (2006). *Sinnfrage. Transformation der Religion in der modernen Kultur.* Gütersloher Verlagshaus.

Rohr, R. (2010). *Pure Präsenz, Sehen lernen wie die Mystiker.* Claudius Verlag.

Stollberg, D. (2009). *Soll man das glauben? Vom Sinn der christlichen Religion.* Evangelische Verlagsanstalt.

Tillich, P. (1962; Erstausgabe 1925). *Religionsphilosophie.* W. Kohlhammer GmbH.

Weitere Beiträge über www.sinnforschung.org

Johannes Dürr
Pfarrer i.R., Tübingen, geb. 1946, Studium der Kirchenmusik in Esslingen und der Theologie in Tübingen, Göttingen und Mainz, Musikrepetent am Evang. Stift Tübingen, Gemeindepfarrer in Burladingen, Esslingen und Ditzingen, seit 2015 Landesvorsitzender der Evang. Akademikerschaft in Württemberg.

Erinnerung als Weg zur Erfahrung und Vergewisserung des Selbst in Marcel Prousts Roman *Auf der Suche nach der verlorenen Zeit*

Irene Berkenbusch-Erbe

1. Einstiegsgedanken

Kennen wir das nicht alle? Am liebsten wären wir unser eigener „Chronometer", der nicht nur Stunden, sondern auch vergangene Zeiten und die damit verbundenen Erlebnisse festhält? Vielleicht aber nur die Guten? Als Kind versuchte ich, die Zeit durch meine Erinnerung an vergangene Ereignisse, möglichst bis in die letzten Jahre hinein festzuhalten, und meinte, es dürfe nichts verloren gehen, ich müsse alles Erlebte bewusst in mir bewahren, um mich in der vergehenden Zeit festzuhalten; bis ich irgendwann merkte, dass das nicht möglich ist, mein Kopf dazu raummäßig nicht ausreicht und ich die erlebte Zeit in die Vergangenheit hinein versinken lassen musste. War dadurch die Zeit verloren?

Warum kann Zeit verloren sein? Ist es Zeit, die als vergeudet erscheint? Oder Zeit, die unwiederbringlich vergangen ist, wenn sie nicht in der Erinnerung aufgehoben wird? Oder empfinden wir sie als verloren, weil sie uns nicht mehr bewusst ist oder weil wir Ereignisse früherer Zeiten nicht gern erinnern, sie aus der Erinnerung ausgeblendet haben?

Wenn jemand Wesentliches über den Wert der Erinnerung zu sagen hat, dann ist es Marcel Proust (1871–1922), der sich in seinem Roman *Auf der Suche nach der verlorenen Zeit* (1913–1927) bewusst auf Spurensuche nach versunkenen Erfahrungen früherer Zeiten begibt. Dieser Impuls wird bei ihm hervorgerufen durch ein Erlebnis, das heute in der Literatur als das „Madeleine-Erlebnis" oder der „Madeleine-Effekt" bekannt ist. Die Madeleine ist ein jakobsmuschelförmiges Gebäck, das Proust als Erwachsenem von seiner Mutter zum Tee gereicht wird und das daraufhin eine Fülle von

Marcel Proust um 1895 (wikimedia)

glücklichen Kindheitserinnerungen auslöst. Darauf wird später noch ausführlicher zurückzukommen sein.

Damit wird auch die Intention meiner Betrachtung deutlich, in der es nicht um eine Inhaltsanalyse und deren Interpretation oder um ein Psychogramm des Autors geht, sondern um den Roman als Auseinandersetzung mit dem Prozess und der Erfahrung der Erinnerung.

2. Kurz zum Roman

Der Roman spielt im Frankreich des Fin de Siècle bis in die Nachkriegszeit in der gehobenen bürgerlichen und adligen Gesellschaft. Marcel Proust, 1871 in Paris geboren und

Illiers-Combray (wikimedia)

aus einem reichen Haus des Pariser Bürgertums stammend, ist zeitlebens wegen starken Asthmas kränklich, weshalb die Familie die Sommer üblicherweise auf dem Land bei Verwandten verbringt, für Proust eine glückliche Kindheit. Vor allem seine Tante Léonie spielt dabei eine wichtige Rolle, auf die später noch näher eingegangen wird.

Aufgrund seiner schwächlichen Gesundheit arbeitet Proust immer wieder nur mit Unterbrechungen als Jurist, Bibliothekar, zeitweilig als Journalist bei *Le Figaro,* muss sich aber immer wieder in die Abgeschiedenheit zurückziehen. Dort hat er Zeit, sich auf die Suche nach der verlorenen Zeit zu begeben, denn er merkt, dass die Vergangenheit einzig in seiner Erinnerung existiert. Es entsteht sein Hauptwerk, der Roman *Auf der Suche nach der verlorenen Zeit,* ein Mammutwerk in sieben Bänden. Es handelt sich um eine fiktive Autobiographie, in der ein anonymer Ich-Erzähler, bei dem aber der Name „Marcel" auftaucht, von seinen Versuchen erzählt, sich an seine Kindheit und Jugend zu erinnern. Es gibt somit ein erzählendes und ein erzähltes Ich. Beide machen die Erfahrung der Vergeblichkeit bei ihren Bemühungen, sich willentlich und rational an Ereignisse zu erinnern. Wenn, dann können es auch nur „Oberflächenerinnerungen" sein.

Proust unterscheidet zwei Gedächtnisarten: die willentliche und die unwillkürliche Erinnerung. Die eine versucht durch „bewusstes, intellektuelles Erinnern Kunde von der Vergangenheit" zu erfahren, die andere geschieht durch zufällige Berührung mit „irgendeinem stofflichen Gegenstand (oder der Empfindung, die dieser Gegenstand in uns weckt), in dem sich die Vergangenheit verbirgt" (Proust I, 1, S. 66). Es sind Sinnesassoziationen, die Erlebnisse der Vergangenheit spürbar werden lassen, sie vergegenwärtigen und dadurch erinnerbar machen.

Die historisch zuerst entstandenen Anfangs- und Schlussteile, also *Auf der Suche nach der verlorenen Zeit* (I, 1: *Unterwegs zu Swann*) und *Die wiedergefundene Zeit* (VII) beinhalten wie eine Klammer um das gesamte Werk vor allem das Thema der Erinnerung und der Suche danach.

Im gesamten Mittelteil des Romanwerks beschreibt Proust als feiner, ironisierender Beobachter und regelmäßiger Besucher exklusiver Salons die mondäne und dekadente Pariser Gesellschaft der Jahrhundertwende, wobei das verführbare Innenleben des Betrachters nicht ausgenommen wird.

Der gesamte Roman spiegelt das komplexe Nebeneinander verschiedener zeitlicher Ebenen, Kindheit, Adoleszenz und spätere Altersstufen im Bewusstsein des Erzählers, nicht immer identisch mit dem Autor, wider.

Literaturhistorisch bedeutend ist Prousts Roman vor allem deshalb, weil er mit einer bis dahin ungekannten Konsequenz die Subjektivität der menschlichen Wahrnehmung inszeniert, mit all ihren Nachteilen und Möglichkeiten: So zeigt er einerseits, dass kein Mensch die Wirklichkeit oder Wahrheit als solche erkennen kann, sondern allenfalls eine subjektive Wahrheitsvorstellung besitzt. Andererseits entfaltet jeder Mensch in seiner subjektiven Wahrheit eine einzigartige Welt, jeder Mensch ist ein eigener Kosmos.
(Vgl. wikipedia.org/wiki/Marcel_Proust)

Es geht Proust also vor allem darum, die Erinnerungsinhalte als für das eigene Ich emotional und konsolidierend zu erfahren. Die

Erinnerung ist nur dann wertvoll, wenn sie emotional die Tiefen und Befindlichkeiten der Persönlichkeit berührt, wie sie sich in der Zeit, in die die Erinnerung hinabreicht, angefühlt haben. Proust spricht dann davon, dass es der innerste Wesenskern ist, den sie berührt hat.

3. Die Erinnerung als Ich-Erfahrung

Im ersten Band des siebenteiligen Gesamtwerks, *Unterwegs zu Swann*, beschreibt der fiktive Ich-Erzähler, auf welche Weise ihm die Erinnerungen des Knaben an ein Ereignis in Combray, in dem in der Normandie gelegenen langjährigen Ferienort der Familie in den Sommerferien, wieder im Bewusstsein auftauchten. Während er Tee trinkt und ein kleines Stück Madeleine isst, wird er blitzartig von einer Erinnerung durchströmt, die er detailliert auf vier Seiten beschreibt. Ausschnittweise soll trotz der etwas längeren Textpassage diese eindrucksvolle Darstellung Prousts hier zitiert werden:

Viele Jahre hatte von Combray außer dem, was der Schauplatz und das Drama meines Zubettgehens war, nichts für mich existiert, als meine Mutter an einem Wintertage, an dem ich durchfroren nach Hause kam, mir vorschlug, ich solle entgegen meiner Gewohnheit eine Tasse Tee zu mir nehmen. Ich lehnte erst ab, besann mich dann aber, ich weiß nicht warum, eines anderen.
Sie ließ darauf eines jener dicklichen, ovalen Sandtörtchen holen, die man „Petites Madeleines" nennt und die aussehen, als habe man dafür die gefächerte Schale einer Sankt-Jakobsmuschel benutzt. Gleich darauf führte ich, bedrückt durch den trüben Tag und die Aussicht auf den traurigen folgenden, einen Löffel Tee mit dem aufgeweichten kleinen Stück Madeleine darin an die Lippen.
In der Sekunde nun, als dieser mit dem Kuchengeschmack gemischte Schluck Tee meinen Gaumen berührte, zuckte ich zusammen und war wie gebannt durch etwas Ungewöhnliches, das sich in mir vollzog. Ein unerhörtes Glücksgefühl, das ganz für sich allein bestand und dessen Grund mir unbekannt blieb, hatte mich durchströmt. Mit einem Schlage waren mir

die Wechselfälle des Lebens gleichgültig, seine Katastrophen zu harmlosen Missgeschicken, seine Kürze zu einem bloßen Trug unsrer Sinne geworden, es vollzog sich damit in mir, was sonst die Liebe vermag, gleichzeitig aber fühlte ich mich von einer köstlichen Essenz erfüllt: oder diese Essenz war vielmehr nicht in mir, sondern ich war sie selbst. Ich hatte aufgehört, mich mittelmäßig, zufallsbedingt, sterblich zu fühlen. Woher strömte diese mächtige Freude mir zu? Ich fühlte, daß sie mit dem Geschmack des Tees und des Kuchens in Verbindung stand, daß sie aber darüber hinausging und von ganz anderer Wesensart war. Woher kam sie mir? Was bedeutete sie? Wo konnte ich sie fassen? Sicherlich muß das, was auf dem Grund meines Ich in Bewegung geraten ist, das Bild, die visuelle Erinnerung sein, die zu diesem Geschmack gehört und die nun versucht, mit jenem bis zu mir zu gelangen. Wird sie bis an die Oberfläche meines Bewusstseins gelangen, diese Erinnerung, jener Augenblick von einst, der nun plötzlich durch die Anziehungskraft eines identischen Augenblicks von so weit her in meinem Innersten erregt, bewegt und emporgehoben wird. Ich weiß es nicht. [...]
Und dann mit einem Male war die Erinnerung da. Der Geschmack war der jenes kleinen Stücks Madeleine, die mir am Sonntagmorgen in Combray (weil ich an diesem Tage vor dem Hochamt nicht aus dem Hause ging), sobald ich ihr in ihrem Zimmer guten Morgen sagte, meine Tante Léonie anbot, nachdem sie sie in ihren schwarzen oder Lindenblütentee getaucht hatte. Der Anblick

Das Haus der Tante Léonie (wikimedia)

jener Madeleine hatte mir nichts gesagt, bevor ich davon gekostet hatte.

Doch wenn von einer weit zurückliegenden Vergangenheit nichts mehr existiert nach dem Tod der Menschen und dem Untergang der Dinge, so werden allein, zerbrechlich aber lebendiger, immateriell und doch haltbar, beständig und treu Geruch und Geschmack noch lange wie irrende Seelen ihr Leben weiterführen, sich erinnern, warten, hoffen, auf den Trümmern alles übrigen und in einem beinahe unwirklich winzigen Tröpfchen das unermeßliche Gebäude der Erinnerung unfehlbar in sich tragen. Es handelt sich um einen unbekannten Zustand, der keinen logischen Beweis, wohl aber die Gewissheit seiner Seligkeit mit sich führte.
(Proust I, 1, S. 66–71)

Das Aroma eines in Lindenblütentee getauchten Gebäcks und der Klang vom Berühren der Teetasse mit dem Löffel lässt die bei der Tante Léonie glücklich verbrachte Jugendzeit, wie eine blitzhafte Erleuchtung, wieder erstehen und zieht dann assoziativ weitere Erinnerungen an ihr Haus, ihren Garten und das Tor mit der Weißdornhecke nach sich. Geruch und Gehör, olfaktorische und akustische Sinneseindrücke rufen die in der Tiefenperson versunkene Welt wieder hervor. Es geht hier nicht um

… eine bestimmte inhaltlich erfüllte Zeitspanne, etwa der Jugendzeit,

nach der sich der Mensch zurücksehnt, sondern eine Verfassung seines zeitlichen Daseins, eine, so könnten wir kurz sagen, ‚eigentliche' Zeitlichkeit, die sich von der abgestumpften Zeitlichkeit des täglichen Lebens scharf unterscheidet. […] Nach dieser verlorenen Zeit kann man überhaupt nicht im eigentlichen Sinn suchen, sondern sie (offenbart) sich dem Menschen nur ungesucht in bestimmten Augenblicken einer überwältigenden Glückserfahrung. Diesen Augenblicken kommt darum eine Schlüsselstellung im menschlichen Leben zu.
(zit. nach Bollnow)

Der Wert der Erinnerung bedeutet somit für Proust eine starke Glückserfahrung, die ihm Zuversicht und Mut verleiht. Im letzten Band, *Die wiedergefundene Zeit*, drückt der Autor diese Verwandlung seines Lebensgefühls ganz beeindruckend aus, wenn er sagt:

Alle Sorgen um meine Zukunft, alle Zweifel meines Verstandes waren zerstreut … Ohne dass ich irgendeine neue Überlegung angestellt oder irgendein entscheidendes Argument gefunden hätte, hatten die soeben noch unlösbaren Schwierigkeiten alles Gewicht verloren.
(Proust VII, S. 258)

Wie ist ein solcher Erinnerungseinfluss möglich, der dann zu einem solch starken Lebensgefühl führt? Der Grund liegt sicher nicht im Inhalt des Erinnerten, sodass eine glückliche Vergangenheit eine unerfreuliche Gegenwart überlagert. Das Besondere und Wertvolle von Prousts Erfahrungen besteht in der Verknüpfung und der Identität zwischen dem aktuellen Ich in der Jetztzeit und dem Ich-Zustand in der Vergangenheit, wie er sie nunmehr erlebt. Es bedeutet eine von Glücksgefühlen erfüllte Erfahrung der Kontinuität seines Ich. Es ist wie eine Vergewisserung und Stabilisierung des Ich durch die Verschmelzung der Gegenwart und der Vergangenheit und der Erfahrung, dass es sich um dasselbe Ich handelt. Das

Im Haus der Tante Léonie (Musée Marcel Proust)

bewirkt Stärke und Selbstgewissheit und eine Glückserfahrung. Vor kurzem fragte ich eine Patientin, was für sie nach einer spannungsvollen Lebensphase jetzt Glück bedeutet. Sie antwortete „einfach da sein, mich selbst spüren können".

Ähnlich wie Proust fühlt hier ein Mensch

... in sich selber eine letzte, sonst verborgene Wesensschicht freigelegt. Er empfindet diese Erfahrung als eine Rückkehr zu seinem „wahren Ich". (zit. n. Bollnow).

Bei Proust heißt es dazu:

Die ständig vorhandene, aber gewöhnlich verborgene Wesenheit der Dinge wird frei, und unser wahres Ich, das manchmal seit langem tot schien, aber es doch nicht völlig war, erwacht und gewinnt neues Leben [...] (Proust VII, S. 267)

Die hier von Proust beschriebene Erfahrung markiert in eindrucksvoller Weise den Wert der Erinnerung für die Persönlichkeit. Es ist die Berührung mit „einer tieferen und sonst verschütteten Wesensschicht" (Bollnow), dem wahren Ich, psychologisch gesprochen, vielleicht ei-

ner Bewusstwerdung der Ich-Selbst-Achse.

Aber haben nicht die vielen Jahre, eine lange Zeitspanne, die zwischen dem ersten Erleben in der Kindheit und dem jetzigen Erwachsenen-Dasein liegt, das Ich ebenfalls beeinflusst und verändert und gehören somit auch zum „wahren Ich"? Proust hat es anders erfahren, wenn er von der reinen Betriebsamkeit und eher oberflächlichen Aktivitäten in der bisherigen Zeitspanne seines Lebens spricht und dass eine tiefere Schicht verschütteten Lebens wieder freigelegt werden muss. Die Erinnerung an die früheren beglückenden Kindheits- und Jugenderlebnisse und damit das Erspüren seines wahren Ich, er fühlt sein Selbst als die „Essenz" seiner Erinnerung, kommt ihm nach Jahren wieder in den Sinn, wie er es im letzten Band, *Die wiedergefundene Zeit*, beschreibt. Er sieht es jetzt als seine Aufgabe, das „verschüttete, tiefere Leben" (Bollnow) wieder freizulegen,

... jene Wirklichkeit, ohne deren wahre Kenntnis wir am Ende noch sterben und die doch ganz einfach unser Leben ist, das wahre Leben, das endlich entdeckte und aufgehellte, das einzige infolgedessen von uns wahrhaft gelebte Leben. (Proust VII, S. 301)

Bedeutsam ist dabei die Erfahrung, dass eine stark emotionale Erinnerung an eine verlorene Zeit und damit an ein Gefühl für das wahre Ich einen neuen Lebensimpuls und den Mut zum Weiterleben vermitteln kann. Für Proust selbst bedeutete dies den starken Impuls und den Mut, nunmehr seinen Roman über die verlorene und wiedergefundene Zeit zu schreiben, wenn er seine Erfahrung im letzten Band seines Romans noch einmal mit den folgenden Worten zum Ausdruck bringt:

Wie in dem Augenblick, in dem ich die Madeleine gekostet hatte, waren alle Sorgen um meine Zukunft, alle Zweifel meines Verstandes zerstreut. Die Bedenken, die mich eben noch wegen der Realität meiner literarischen Begabung, ja der Literatur selbst befallen hatten, waren wie durch Zauberschlag behoben.
(Proust VII, S. 258).

In diesem Augenblick wandelt sich sein gesamtes Lebensgefühl, sodass er nun seinen Lebenssinn gefunden hat, es als Aufgabe sieht, sich auf die Suche nach der verlorenen Zeit und damit nach sich selbst zu machen.

4. Der Wert der Erinnerung in der Therapie

Prousts Roman birgt für unsere Arbeit als Therapeutinnen und Therapeuten einen wahren Schatz an wertvollen Impulsen, dem Vergessen entgegenzuwirken, und dabei nicht nur auf die negativen, sondern vor allem auch auf die positiven Erinnerungen zu achten. Verena Kast hat in ihrem Buch *Was wirklich zählt, ist das gelebte Leben* aus psychologischer Sicht auf die Wichtigkeit positiver Erinnerungen hingewiesen, wenn sie z. B. den Vorschlag macht, eine Freudenbiografie zu schreiben, die persönliche Potenziale, Zukunftsorientierung und Zuversicht hervorrufen kann (Kast, 2010, S. 20.).

Somit vermittelt Marcel Prousts Roman als Beitrag aus dem Bereich der Literatur die Wichtigkeit positiver, glücklicher Erinnerungen für eine Ich-stärkende Erfahrung der Persönlichkeit, die mehr Mut zur Selbstwirksamkeit, Selbstverständnis und Hilfe bei aktuellen Herausforderungen bewirken können. Auch in der Therapie können visuelle oder Geruchs- und Gehöreindrücke, vielleicht hervorgerufen durch einen Traum, assoziativ zu frühen Erfahrungen hinführen, wodurch heilsame seelische Prozesse in Gang kommen können.

Literatur

Bollnow, O. F. (1971). *Die Dichtung Marcel Prousts und das Verständnis des seelischen Lebens*. Ein überarbeiteter Auszug aus seinem Buch *Das Wesen der Stimmungen*. Frankfurt a. Main 1942, publiziert in: Universitas, Jg. 26 (1971), S. 1163–1174. Abgedruckt außerdem im Internet.

Fischer, B. J. (2022). *Handbuch zu Marcel Prousts „Auf der Suche nach der verlorenen Zeit"*. Philipp Reclam jun.

Jens, W. (Hrsg.) (1998). *Kindlers Neues Literaturlexikon. A La Recherche Du Temps Perdu*, S. 675–679. Kindler-Verlag.

Kast, V. (2010). *Was wirklich zählt, ist das gelebte Leben. Die Kraft des Lebensrückblicks*. Herder.

Lohmann, R. (2013). *Was gestern war, hilft mir für morgen. Lebenskompetenz durch Erinnerung*. Kösel.

Proust, M.: (1913–1927). *A la Recherche du Temps perdu. Du côté de chez Swann (I, 1), und Le Temps retrouvé (VII)*. Aus dem Französischen übersetzt von Eva Rechel-Mertens; revidiert von Luzius Keller. Suhrkamp-Taschenbuch, Bd. I: 11. Aufl. 2021, Bd. VII: 2. Aufl. 2004.

https://de.wikipedia.org/wiki/Auf_der_Suche_nach_der_verlorenen_Zeit, aktualisiert am 17.08.2022.

https://de.wikipedia.org/wiki/Marcel_Proust, aktualisiert am 30.07.2022.

Irene Berkenbusch-Erbe
Dr. phil., Analytische Psychologin (DGAP, IAAP), Dozentin und Lehranalytikerin am ISAP Zürich und am C .G. Jung-Institut Stuttgart. Arbeit in freier Praxis in Ludwigshafen a. Rhein. Veröffentlichungen auf psychologischem und literarischem Gebiet.

Lunana – Das Glück liegt im Himalaya
Ein Film von Pawo Choyning Dorji (2019)
Dieter Volk

„Das Glück liegt im Himalaya" – muss ein solch kitschiger Untertitel nicht irritieren, gar verschrecken? Das Regiedebut des bhutanischen Schriftstellers, Fotografen und Filmemachers Pawo Choyning Dorji: ein Werk in der Art traditioneller Heimat- und Bergfilme? Mit einer Bergwelt, die üblicherweise als Kulisse für dramatische oder pathetische Handlungsstränge dient, oft idyllisch als Sehnsuchtsort nach einer heilen Welt verklärt, wobei diese idealisierte Heimat- und Bergwelt häufig im Gegensatz zur Dekadenz der Menschen aus der Stadt gesetzt wird.

Auch in *Lunana* werden spektakuläre Landschaftsaufnahmen gezeigt. Auch hier könnte man einen gängigen Plot erkennen, in welchem ein Städter bei den einfachen Bergmenschen Läuterung und Wandlung erfährt. Aber über die wahrlich wunderschöne Atmosphäre hinaus beeindruckt dieser Film nicht nur dadurch, wie er dem Prozess der Wandlung und Veränderung nachspürt, sondern auch durch seine Authentizität mit dem Thema: Wo finden wir Glück? Was gibt uns Kraft?

„Bruttonationalglück"

Angeblich ist Bhutan das glücklichste Land der Welt. Während sonst auf der Welt das Wirtschaftswachstum und dabei das Bruttoinlandsprodukt als Kriterium zur Messung von gesellschaftlicher Entwicklung dient, hat der König des Königreichs Bhutan schon vor vielen Jahren erklärt, dass für sein Land das „Bruttonationalglück" als Alternative dazu wichtiger sei. Zuerst ein Wortspiel entwickelte sich daraus das Konzept „Gross National Happiness", das seit langem in der Verfassung von Bhutan verankert ist. Diese Idee zielt darauf ab, eine nachhaltige Entwicklung des Landes zu ermöglichen, die auf den Säulen Schutz der Umwelt, Bewahrung und Förderung kultureller und spiritueller Werte, Verbesserung der Gesundheits- und Bildungssituation des Landes

beruht. Es soll dazu führen, die Lebensbedingungen der weniger begünstigten Menschen im Land zu verbessern.

Trotz solcherlei Bemühungen verlassen inzwischen viele vor allem junge Menschen ihre Heimat, das Land des Glücks, um in den Glitzerstädten der Welt ihre eigene Lesart von Glück zu suchen.

Von einer solchen Reise ins Glück träumt auch der junge Ugyen (Sherab Dorji), der in Thimphu, der Hauptstadt Bhutans, lebt und die Hoffnung hat, in Australien Karriere als Sänger zu machen, denn seinen Job als Lehrer mag er ganz und gar nicht. Voller Sehnsucht wartet er nur noch auf sein Visum für dieses Abenteuer. Allerdings muss er eine ganz andere Reise antreten, denn er wird vom Schulministerium dazu verpflichtet, sein letztes Ausbildungsjahr als Lehrer in einem Dorf in der Lunana-Hoch-

gebirgsregion zu absolvieren. Lunana bedeutet „das dunkle Tal". Sein Name kommt daher, dass es am hintersten Ende des Landes liegt, nah der Grenze zu Tibet, und „so weit entfernt ist, dass nicht einmal das Licht es erreicht". Dort steht im Dorf Lhedi in über 4000 Meter Höhe die wohl abgelegenste Schule der Welt.

Treck in eine fremde Welt
Widerwillig macht sich der junge Mann auf den Weg in eine Welt, die sich in jeder Hinsicht von seinem modernen Umfeld unterscheidet. Wie stark Ugyen den angesagten Segnungen des Fortschritts verpflichtet ist, zeigen die Bilder seiner schier endlosen Busfahrt nach Gasa, dem letzten Ort, der noch mit dem Bus zu erreichen ist. Während der Zuschauer verzaubert ist von der Landschaft, würdigt Ugyen sie keines Blickes, ja er nimmt sie überhaupt nicht wahr, denn stets ist er mit Smartphone und Kopfhörer beschäftigt.

Im kleinen Dorf Gasa, Endpunkt der Busfahrt und Ausgangspunkt eines achttägigen Fußmarsches in die Berge wird er von zwei Yakhirten aus Lhedi und ihren Maultieren erwartet. Sie sollen den unerfahrenen Junglehrer aus der Stadt auf seinem Treck in ihr Bergdorf führen. Eindrücklich wie der Film den beschwerlichen Marsch Ugyens begleitet, entlang von Flussläufen, durch Matsch und Schlamm, über windige Bergpässe, und wie dieser missmutig sich geradezu demonstrativ von seinen Begleitern abwendet, immer seiner geliebten Musik auf dem Headset lauschend – bekannte Klänge aus seiner Welt, die ihm ein Stück weit Sicherheit geben. Nicht ohne Humor zeigen die Bilder diese Distanz zwischen dem abweisend-verschlossenen jungen Mann und den ihm freundlich zugewandten Yakhirten.

Als ob er diese eigenartige Atmosphäre ausgiebigst festhalten wolle, verfolgt der Film den langen Aufstieg in vielerlei Szenen. Dem einen oder der anderen mögen diese Sequenzen zu lang vorkommen. Doch es scheint, als habe sie der Regisseur mit Bedacht derart gestaltet, denn sie sind als Exposition für das weitere Geschehen von Bedeutung.

Während die Zuschauer und Zuschauerinnen – bequem im Kinosessel sitzend – verzaubert sind durch die Landschaft, beeindruckt von der Freundlichkeit der Begleiter, ergriffen von der Gastfreundschaft der Leute, die in ihren einfachen Hütten der Gruppe Quartier geben und sich rührend um den Fremden bemühen, ist das Verhalten des jungen Mannes demgegenüber merkwürdig. Immer zeigt er sich interesselos, abweisend, nicht erreichbar.

Ja, selbst der enthusiastische Empfang durch die ganze Dorfgemeinschaft weit vor der Ortsgrenze – für das Filmpublikum geradezu überwältigend – kann ihn nicht von seiner ablehnenden Entschlossenheit abbringen. Weder die warmen Begrüßungsworte des würdigen Dorfvorstehers noch die strahlenden Gesichter der kleinen Schulkinder können ihn daran hindern zu erklären, er wolle wieder zurück.

Verlässt man jedoch die behagliche, romantisch-idyllische Zuschauerposition, sind die Abschottung und sture Verschlossenheit Ugyens durchaus nachvollziehbar: In Anbetracht seiner unfreiwilligen Expedition in eine ihm unwirtliche Fremde, gewissermaßen einem *Culture Clash* ausgesetzt, ist seine Haltung verständlich. Er ahnt, was ihn erwartet: Keine Elektrizität, nicht zu denken an Internetverbindung oder ein funktionierendes Handy, kein fließendes Wasser ... ein Plumpsklo – für den jungen Städter wahrlich eine Höllenvorstellung. Als ihm das Dorfoberhaupt stolz die Hütte zeigt, die die Schule ist und Ugyens Quartier sein soll, verlangt dieser voller Entsetzen, sofort wieder ins Tal gebracht zu werden. Enttäuscht, aber freundlich sagt ihm der Dorfchef zu, seine Männer würden ihn zurückbringen, nachdem sie und die Maultiere sich einige Tage von den Strapazen erholt hätten.

Ein erwarteter Wendepunkt
Und eine solche Atempause hilft nicht nur den Hirten zur Regeneration, auch dem filmischen Geschehen gibt sie Gelegenheit zum erwarteten Wendepunkt. Klar, dass die vom Publikum schon lang vermutete, fast prophezeite Wandlung des Protagonisten hier erfolgt, dass er seine Verschlossenheit aufgeben und sich den Dorfbewohnern gegenüber öffnen wird. Auf den ersten Blick ein vorhersehbares Motiv. Auch das ein Klischee? Nein, denn erst jetzt

beginnt der Film jenseits der Culture-Clash-Stereotypen seinen ganz eigenen Charme zu entfalten.

Oft in der Art eines dokumentarisch anmutenden Dorfportraits gedreht, gewährt er aus der Fremdenperspektive des Protagonisten dem Publikum Einblicke in das Alltagsleben der Leute im Dorf Lhedi. 56 Menschen wohnen im Ort, es gibt eine Krankenstation und eine Schule, die meisten Bewohnerinnen und Bewohner haben noch nie ihren Weiler verlassen, und im bitterkalten und schneereichen Winter ist er ohnehin unzugänglich.

Dabei gelingt es dem Regisseur und Drehbuchautor Dorji, sehr lebendig von den Traditionen der Leute, ihren Gepflogenheiten und ihrer Spiritualität zu erzählen.

Er wagt es aber auch, die sozialen Probleme mit ihren Ambivalenzen und Widersprüchen zu zeigen: Nicht nur Menschen, die „arm, aber glücklich" sind, erlebt man, sondern auch elende und betrunkene. Interessant zu sehen, wie wichtig für diese Menschen der Berge der Wunsch nach Bildung ist, damit die Kinder einmal „etwas anderes als Yakhirten oder Pilzesammler sein können", wie der Dorfvorsteher betont oder: „Ein Lehrer kann die Zukunft der Kinder berühren", so die gängige Meinung im Dorf. Bildung ist hier oben ein erstrebenswertes, aber schwer zu erwerbendes Gut, weshalb man dem Lehrer den größten Respekt entgegenbringt.

Berührt durch den Blick

Und was macht der neue Lehrer? Wie gesagt, muss Ugyen bis zum Rückmarsch ins Tal einige Tage abwarten, auch für ihn eine Atempause, um sich in seinem Quartier zu erholen und endlich auszuschlafen. Doch im Dorf hat der Tag schon lange begonnen. Auch die Schulkinder haben sich in freudiger Erwartung auf den Weg gemacht und versammeln sich vor dem Schulhaus. Die Schüler sind da – der Lehrer fehlt, er schläft. Was tun? Kurz entschlossen klopft Pem Zam, die neunjährige Klassenchefin, an die Tür der Lehrerwohnung.

Und jetzt hält der Film Szenen fest, nein Momente, die faszinieren und bewegen: Ugyen öffnet die Tür, sie stehen sich gegenüber, treffen aufeinander. Hier der Lehrer, müde und mürrisch. Ihm gegenüber in ihrer ganzen Größe das kleine Mädchen. Aufrecht, mit strahlend erwartungsvollem Blick: „Herr Lehrer, wir warten auf Sie."

Vielleicht ist es nicht zu viel der Interpretation, in dieser Szene einen Gegenwartsmoment im Sinne Daniel Sterns zu sehen. Ein Moment, in dem sich die Psychen zweier Menschen intensiv begegnen und berühren, ja sogar verwandeln. Hier der verschlafene Lehrer, dort die sehnsüchtig blickende Pem Zam. „Ich komme", sagt er. Vom erwartungsfrohen Blick getroffen, von der ihm nur allzu gut bekannten Sehnsucht überwältigt, ja infiziert, kann er nicht anders, als jetzt doch zu den Schulkindern zu gehen.

In ähnlich emotional dichter Weise reihen sich weitere kleine, flüchtige Ereignisse aneinander. Schlüsselmomente, die Veränderung bewirken!

Nur eines sei noch erwähnt: Gänzlich unvorbereitet, versucht der Lehrer mit den Kindern ins Gespräch zu kommen und fragt, was sie einmal werden wollen. „Lehrer", sagt einer, „Sängerin", antwortet Pem Zam. Nun ist er endgültig bezaubert, wollte nicht auch er Sänger werden?

Nicht allzu überraschend zu sehen, wie sich der Lehrer auf einmal ins Zeug legt. Er entwickelt Ehrgeiz und möchte den Kindern trotz aller Widrigkeiten ein guter Lehrer sein. So als habe er bemerkt, dass er für sie die Verbindung zur Welt und auch ihre Zukunft bedeutet. Es scheint, als spüre er, dass dabei auch seine eigene Zukunft gemeint sein könnte.

Begegnung, Beziehung, Berührung – Kairos als der günstige Moment, in dem Neues entstehen kann, haben Veränderung bei Ugyen bewirkt, als habe dies seiner Seele Schwung verschafft.

Und so erzählt der Film nicht nur vom „Zum-Klingen-Bringen-der-Welt" für den Schüler durch den Lehrer, sondern (in Anlehnung an Hartmut Rosa) auch, von der „wechselseitigen Durchdringung und Berührung von Selbst und Welt, in der das ‚Saitenspiel der Seele' in eine resonanzfähige Stimmung" kommt.

Diese Resonanzbereitschaft zeigt sich im veränderten Verhältnis des Lehrers gegenüber den Menschen im Dorf. Der Film erzählt herzerwärmend, wie sich beide Seiten mit plötzlicher Neugier und wachsendem Respekt begegnen. Dabei ist nicht nur die Resonanzfähigkeit

des zuvor so verschlossenen, ja verstummten Ugyens erstaunlich, genauso beeindruckend ist das authentische, hoch emotionale Spiel der Darsteller und Darstellerinnen, die – bis auf die Hauptrollen – mit Kindern und Erwachsenen aus Lhedi besetzt wurden.

Fast ein Happy End

Dass Musik und Gesang in Lunana eine besondere Rolle spielen, hat man schon recht früh erfahren. So ist es nicht allzu verwunderlich, dass zum guten Schluss den Musikliebhaber Ugyen eine zarte Romanze mit der reizvollen Yakhirtin und Sängerin Saldon (Kelden Lhamo Gurung) verbindet. Sie, die schönste Stimme des Dorfes, lehrt ihn die Lieder, die Geschichten und Mythen Lunanas. Eigentlich ist das Happpy End zum Greifen nahe. Es hat den Anschein, als wolle der junge Mann nicht mehr von diesem Ort weg.

Doch der Film hält ein anderes, letztlich passenderes Ende bereit: Vor Einbruch des Winters verlässt der Lehrer Lhedi. Wieder ist das ganze Dorf versammelt und bereitet ihm ein überaus herzliches Lebewohl. Und ganz seinen ursprünglichen Plänen entsprechend reist Ugyen nach Australien. Die letzte Szene zeigt ihn bei einem Auftritt in einer Bar. Er spielt die üblichen angesagten Songs, während das Publikum – laut schwatzend und lachend – sich überhaupt nicht für seine Darbietung interessiert. Ugyen iirritiert, den Kontrast zu seinen tiefen spirituellen Erfahrungen in den Bergen spürend, unterbricht und singt zur allgemeinen Überraschung das Hirtenlied Yak Lebi Lhadar;

jenes Lied, durch das die ihm fremde Welt zum Klingen gekommen und das ihm zur Kraftquelle geworden ist. In einem flüchtigen, aber emotional dichten Moment entwickelt sich nun eine Atmosphäre der Resonanzbereitschaft, so dass Ugyen das erstaunte, jetzt hellwache Publikum erreichen kann.

Ein gutes Ende? Ein glücklicher Ausgang! Doch ein Happy End?!

Lunana ist als DVD im Handel erhältlich

Dieter Volk
Analytischer Kinder- und Jugendlichen-Psychotherapeut, Dozent am C. G. Jung-Institut Stuttgart. Dort Initiator der Veranstaltungsreihe „Film im Keller".

Verena Kast zum 80. Geburtstag

Dass Verena Kast in diesem Jahr ihren 80. Geburtstag feiert, erstaunt auf zweierlei Art. Zum einen: Erlebt man Sie bei einem Vortrag auf der Bühne, in den Medien oder in einer persönlichen Begegnung, sind ihr diese Jahre nicht unbedingt anzumerken. Da spricht eine vitale Frau voller Energie, lacht, wird ernst, entfaltet neue Ideen, knüpft an bekannte an und entwickelt sie weiter. Zum anderen: Gefühlt war sie für viele der heute psychotherapeutisch Tätigen „schon immer" da. Ihre Bücher und ihre Vorträge wurden zu Begleitern gleich mehrerer Generationen. Fast scheint es da überraschend, dass auch sie der Zeit unterworfen sein soll und Geburtstage feiert.

Ein solches Lebenswerk hat seine Wurzeln. Die ihren liegen in einem Bauernhof im Appenzeller Land ihrer Kindheit, unmittelbar oberhalb des Bodensees. In einem Interview aus dem Jahr 2022 „Was ich noch zu sagen hätte – Spurensuche" schildert sie die Welt eines geschäftigen Landlebens um sie herum, das der Jüngsten in der Familie die Freiheit ließ, Bücher zu verschlingen, bis die ganze Dorf- und Pfarrbücherei durchgelesen war. Dort gab es den Freiraum, mit den Puppen in der Scheune Schulunterricht zu spielen und Gruppensitzungen abzuhalten und, auch wenn klare Regeln und Beschränkungen existierten, den ganz eigenen Neigungen nachzugehen. Da erschien es im ersten Schritt nur folgerichtig, Lehrerin zu werden, doch es stellte sich bald ein Wunsch nach neuer Selbstentfaltung ein. Dass ein „Kind vom Land" und dazu noch eine Frau Psychologie, Philosophie und Germanistik studierte, war auch in der Schweiz Anfang der Sechziger Jahre noch eine Ausnahme, die Beachtung fand. Gerade diese Erfahrung hat sicherlich die prägende Sensibilität für diejenigen geschärft, die nicht dem Mainstream angehören, und das Herz geöffnet für alle, die Unterstützung brauchen und verdienen. Nachwuchsförderung gehört zu ihrem Repertoire.

Der Erfolg der weiteren akademischen Karriere, die bis hin zu einer Professur in Psychologie an der Universität Zürich führte, lag – neben der Begabung – sicher auch darin, an den entscheidenden Wendepunkten eben gerade nicht dem Karrieregedanken zu folgen, sondern den eigenen Neigungen.

Es ist die tief verwurzelte Erfahrung, dass das, womit man innerlich verbunden ist, weiterführt als das Denken in Erfolgskategorien. Aus diesem Geist heraus entstand in der Mitte ihres Lebens mit „Trauern" der erste große Bucherfolg, ein Longseller, der in zahlreichen Auflagen auch noch vierzig Jahre nach seiner Erstveröffentlichung als Grundlagenwerk für den Umgang mit Trauerprozessen gilt.

Dem ersten sollten noch an die einhundert weitere Bücher und Veröffentlichungen folgen, die man wie bei einem guten Wein nach Jahrgängen abzählen kann, mindestens zwei pro Jahr. Das war neben einer persönlichen Gabe an Energie und Disziplin der Tatsache zu verdanken, dass die Autorin Verena Kast auch hier ihrer Wurzel treu blieb, sich die notwendigen Freiräume fürs Schreiben regelmäßig zu schaffen. Es folgten Übersetzungen in zahlreiche europäische Sprachen, ebenso ins Chinesische und Japanische, die sie weltweit bekannt gemacht haben.

Der rote Faden, der ihr Werk und ihr Wirken durchzieht, scheint dabei aus drei Strängen gesponnen. Der erste: Schreiben aus persönlichem Erleben heraus, aber ohne Betroffenheit. Schon die Motivation, „Trauern" zu verfassen, entspringt eigener Erfahrung, bettet diese jedoch in einen kollektiven Kontext ein, macht sie therapeutisch zugänglich und weist Wege auf, wie individuelle Entwicklung im Trauern möglich werden kann.

Der zweite: Lebendiges Leben erwächst aus dem Bewusstsein der Sterblichkeit. Eine Haltung des memento mori durchdringt ihr Schreiben und verdichtet sich in solchen Formulierungen wie „ins Leben hinein sterben".

Der dritte: Die Aufgabe, Emotion und Verstand versöhnen. So kommt nicht nur der Beschäftigung mit Träumen, Imaginationen, Märchen und Mythen eine zentrale Stelle in ihrem Werk zu. Als Emotionsforscherin versteht sie es, unseren wissenschaftlichen Stand zu Emotionen mit dem Erleben selbst zu verknüpfen und beides zusammen für die Psychotherapie praktisch nutzbar zu machen.

Das alles geschieht in einer verständlichen, freundlichen, manchmal nüchternen, manchmal warmherzigen Sprache; einer Sprache, der es gelingt, eine Balance zu halten, wissenschaftlich untermauert, aber nie abgehoben, nahe am Erleben, doch mit der notwendigen inneren Distanz, darauf schauend, nicht darin steckend. Gerade mit dieser Sprache ist es ihr gelungen, nicht nur die therapeutisch tätigen, sondern auch viele andere interessierte Menschen zu erreichen, die sich mit diesen Themen auseinandersetzen wollen.

So ist zuallererst keine exklusive Fachliteratur entstanden, sondern inklusive Psychologie, mitunter Lebensphilosophie. Dabei ist es ihr gelungen, die Analytische Psychologie C. G. Jungs für die Generationen nach ihm zu erschließen, sie anzuknüpfen an die jetzige Zeit und sie weiterzuentwickeln. Der rote Faden der Lehrerin zieht sich hindurch von den Puppen in der Scheune bis zu den Vortragssälen der großen Psychotherapiekongresse und den Listen mit ihren Büchern.

Scheint das schon genug für ein erfülltes Leben, bildet es doch nur einen Teil von Verena Kasts Wirken ab. In jahrzehntelanger Arbeit in den Vorständen und als Vorsitzende der Lindauer Psychotherapiewochen, der Internationalen Gesellschaft für Tiefenpsychologie, in der IAAP und im C. G. Jung-Institut Zürich, aber auch als Lehranalytikerin, Supervisorin und Therapeutin schuf sie einen breiten Wirkungskreis. Sie hat dabei kollektiv wie individuell Räume hergestellt, die der Entwicklung, dem Wissen, der Erkenntnis und der Erfahrung dienen. Ein Grund mehr zu staunen, dass diese Lebensleistung in 80 Jahre passen soll.

Doch wäre ein Lebensrückblick im Fall von Verena Kast unvollständig, enthielte er keinen Ausblick auf die Zukunft. Denn die Perspektive auf das, was kommt, ist bei ihr immer enthalten. Ihr Abschiedsvortrag bei den Lindauer Psychotherapiewochen am 19. April 2022 trägt den Titel „Kreativ schrumpfen". Er ist ein Plädoyer dafür, niemals stehen zu bleiben, auch nicht im Alter, sondern auch diese Lebensaufgabe anzunehmen als eine, die von Kreativität erfüllt sein kann, von Überraschungen und vom Neuen. Lassen wir uns also überraschen, von dem, was noch kommt.

Liebe Verena, herzlichen Glückwunsch zum 80. Geburtstag und vielen Dank – für alles!

Konstantin Rößler

Christiane Neuen (Hrsg.)
**Verena Kast – Leben ist Beziehung
Vom Selbst zur Welt**
Patmos Verlag, 2023, 192 S., € 22,–
ISBN 978-3-8436-1461-0

Der Patmos Verlag und seine Lektorin Christiane Neuen haben zum 80. Geburtstag von Verena Kast ein sehr schönes Buch herausgebracht: *Leben ist Beziehung. Vom Selbst zur Welt.* Es zeigt eine Weiterentwicklung der Analytischen Psychologie C. G. Jungs auf, die den Beziehungsaspekt in besonderer Weise in den Vordergrund rückt, wobei auch C. G. Jung schon sinngemäß sagte: Individuation findet nicht auf dem Gipfel des Mount Everest statt. Gemeint ist, wir brauchen ein Du, ein Gegenüber, um uns entwickeln zu können. Und das arbeitet Verena Kast sehr gut heraus.

Jede Wissenschaft braucht Entwicklung, seien es die Naturwissenschaften, die Geisteswissenschaften oder die Psychologie. Die Analytische Psychologie, die von C. G. Jung vor ca. 100 Jahren in ihren Grundlagen entwickelt wurde, hat in Prof. Dr. phil. Verena Kast eine profunde Expertin gefunden. Seit vielen Jahren trägt sie zur Weiterentwicklung der Analytischen Psychologie bei. In dieser

Ausgabe *Leben ist Beziehung* hat Christiane Neuen aus acht Büchern von Verena Kast Lebensthemen ausgewählt, die die Autorin verständlich und auf tiefenpsychologischer Basis darzustellen versteht.

In all ihren Büchern geht es Verena Kast um das schöpferische Gestalten des eigenen Lebens. Die Autorin plädiert dafür, offen zu sein für Neues, neugierig auf sich selbst und die Welt zu sein, sich mit Konflikten, Lösungsmöglichkeiten und den eigenen Ressourcen zu beschäftigen. Diese Grundhaltung ist in diesem Buch spürbar, und es macht Freude, es zu lesen. Gleichzeitig macht sie deutlich, dass Individuation, die Selbstwerdung des Menschen, ein Beziehungsprozess ist. Wesentlich ist der Autorin die Beziehung, das Bezogensein auf ein Du, Resonanz in der Beziehung, woraus sich ein „Beziehungsselbst" entfalten kann.

Es wird einfühlbar und nachvollziehbar gezeigt, dass Resonanz auf Empathie beruht und identitätsstiftend ist. Daraus kann sich ein Beziehungsselbst entfalten, im Unterschied zur Ökonomisierung der Gesellschaft, dem Ausbeuten und Benutzen anderer Menschen. Durch vertrauensvolle Beziehungen mit anderen Menschen können Ängste vermindert werden. Es werden Beziehungsfantasien ermöglicht und Träume entstehen, die eine Sehnsucht nach Ganzheit zeigen können und neue Lebensmöglichkeiten finden lassen.

Die acht Kapitel führen am Ende zu den Büchern von Verena Kast, zu den Quellen, aus denen die Kapitel stammen. Damit die Leser:innen eine Vorstellung von den Themen bekommen, werde ich einige Beispiele nennen:

1. Bezogen auf ein Du. / Resonanz: In Beziehung sein, das Beziehungsselbst, Empathie, Vertrauensbeziehungen, Verbundenheit mindert die Angst.

2. Was die Liebe prägt: Beziehungsfantasien. / An der Fähre zum anderen Ufer, das Ideale sehen, Sehnsucht nach Ganzheit, Mythen als Modelle, die bezogene Existenz.

3. Identität entsteht in Beziehungen. / Die Frage nach mir selbst. Worauf kann man sich verlassen? Kontinuität und Kohärenz. Ich bin, wie ich gesehen werde, oder ich werde gesehen, also bin ich.

Identität entwickelt sich im Dazwischen. Affekte, Affektregulation und der freundliche Blick. Der Blick des Andern und die Zuschreibung.

In fünf weiteren Kapiteln beschäftigt sich die Autorin mit folgenden Themen:

Komplexe sind Beziehungsmuster. Individuation: Selbstwerdung in Beziehungen.

Die therapeutische Beziehung. Der Schatten im Zusammenleben. Wege aus Angst und Hass.

Eine Stärke dieses Buches ist weiterhin, dass die Analytische Psychologie eingebettet ist in das Miteinander in der Gesellschaft, in soziales Sein und Handeln.

Die Autorin nimmt auch das Thema Verschwörungsmythen auf und versucht, sie verstehbar zu machen. Denn Verschwörungsnarrative vermitteln das Gefühl, eine schwierige, bedrohliche Lebenssituation wenigstens zu verstehen – und das gibt die Illusion von Kontrolle (S. 153).

Verena Kast zeigt auch Fundamentalismus und Fanatismus in ihrer eingeschränkten Sichtweise auf, in der Suche nach Intensität und Selbstwirksamkeit, und sie kommt dann zu emotionalen Grundbedürfnissen des Menschen, die befriedigt werden wollen.

Sie zeigt auf, welche Defizite bei Fanatikern entstehen. Es fehlen die Fähigkeit zur Bindung, zum Tragenden im Leben, auch die Beziehung zum Körper und zu den Gefühlen – zu allem, was Menschen nicht nur weich, sondern auch verletzlich und im Falle des Körpers letztlich sterblich macht (S. 163).

Ermutigend zeigt die Autorin auf: Prosoziale Gefühle führen dazu, dass Wut, Ärger und die sich daraus entwickelnde ärgerbedingte Aggression, anstatt Destruktion, eine schöpferische Veränderung bewirken (S. 171).

Das Buch ist in seiner Essenz eine Ermutigung zur liebenden Haltung gegenüber Mitmenschen, ein Plädoyer für ein lebendiges Miteinander und ein Impuls, der Liebe zum Leben Raum zu geben.

Vielen Dank, liebe Verena, für diese inspirierenden Texte, die ich sehr gerne gelesen habe!

Margarete Leibig

Christiane Lutz
Macht und Mut, Wissen und Weisheit
Die nordische Mythologie mit C. G. Jung lesen.
Opus Magnum, 2022, 228 Seiten, € 12,00
ISBN: 978-3-95612-040-4

Christiane Lutz hat bei Opus Magnum ein neues Buch veröffentlicht. Mit dem Obertitel heißt es *Macht und Mut, Wissen und Weisheit*. „Macht" scheint dem „Mut" und „Wissen" der „Weisheit" entgegengesetzt zu sein. Das Erstere könnte die äußere Handlungsebene, das Letztere die innere Geistebene darstellen. Der Untertitel des Buches lautet *Die nordische Mythologie mit C. G. Jung lesen* und schafft etwas mehr Klarheit. Die „nordische Mythologie" meint die Götter- und Heldensagen von Skandinavien und nicht von ganz Germanien. Sonst müsste auch Frau Holle erwähnt werden, die im Kyffhäuserberg den schlafenden Wotan versorgt. *Mit C. G. Jung lesen*! heißt nicht, die nordischen Mythen tiefenpsychologisch genau zu interpretieren, sondern sie mit Gedanken und Zitaten von Jung kreisend zu meditieren.

„Macht und Mut" könnte sich auf Odin und Thor, „Wissen und Weisheit" allein auf den obersten Gott der Asen beziehen. Das Buch beginnt mit einer allgemeinen philosophischen Reflexion über die Zeit und konkretisiert sie dann bei der Beschreibung der Nornen und Walküren. Danach schildert die Autorin die Entstehung der Welt aus dem Urprinzip von Chaos und Ordnung. Nach einem Exkurs über das Bindungsproblem bei Kindern aus der Sicht der Analytischen Psychologie erfolgt eine ausführliche Darstellung von Jungs Archetypenlehre, und dann werden die Themen der nordischen Mythen, die Weltesche Yggdrasil und Geschichten hoch ambivalenter Beziehungen in den Sagen erörtert.

In diesem Stil geht es dann weiter. Darstellungen der Mythen werden immer wieder durch Ausführungen über Jungs Methode und Exkurse über allgemeine Probleme aus moderner Perspektive gebrochen und in ihnen gespiegelt. Dazu gehören auch eingeblendete Gespräche der Therapeutin mit Patientinnen und Patienten. Christiane Lutz webt so einen vieldeutigen Bedeutungs- und Symbolteppich, der sich auf verschiedenen Ebenen abspielt. Mythos, Tiefenpsychologie und Moderne durchdringen sich gegenseitig und bilden im Verlauf des Buches ein geheimnisvolles Mosaik, dessen Teile letztlich in den seelischen Tiefen der Betrachterin oder des Betrachters zusammengesetzt werden.

Einen gewichtigen Teil des Buches machen die Auflistung und Charakterisierung der Götter aus, die vor allem nach den rationalen Ichfunktionen des Denkens und Fühlens sowie nach den wahrnehmenden Funktionen der Intuition und Empfindung bei C. G. Jung beschrieben werden. Die Asen erscheinen zutiefst ambivalent, bewundern so etwa einerseits das Volk der Riesen, hassen es aber andererseits. Die männlichen Gottheiten überwiegen zahlenmäßig, bestimmen das Geschehen durch Kampfbereitschaft, Heldenhaftigkeit, Dichtkunst und klares Denken, was alles einem patriarchalen Muster entspricht. Repräsentanten dieses Verhaltensmodells sind z. B. Thor, Heimdall, Freyr und Tyr.

Den bösartigen Gegenpol zu diesen „Lichtgestalten" (im vaterrechtlichen Sinn) bildet der verschlagene Trickster Loki, der den anderen Göttern immer wieder üble Streiche spielt und mit einer Riesin die Unterweltsherrscherin Hel, die giftige Midgardschlange und den verschlingenden Fenriswolf als Vertreter einer lebensbedrohlichen Schattenwelt zeugt. Der oberste Asengott Odin verkörpert die Zwiespältigkeit in Person. Auf der einen Seite sucht er nach Erkenntnis und Weisheit, schafft Kunst, dichtet Lieder und schaut visionär den Lauf des Schicksals. Aber auf der anderen Seite führt er Kriege allein um des Sieges willen, verhält sich launisch und verräterisch wie Loki, wenn es seinen egoistischen Zwecken dient, und tötet jeden Mann, den er für sich in seiner Festhalle Walhall haben will.

Zwar sind die Frauen bei den Asen vordergründig unterrepräsentiert, haben aber trotzdem eine hohe Bedeutung. Die wichtigste unter ihnen ist Freya, die das Weibliche in seiner ganzen Doppeldeutigkeit vertritt. Einerseits gilt sie als Göttin der Liebe und Schönheit, die ihre Sinnlichkeit leidenschaftlich und intensiv einsetzt. Doch andererseits führt sie die Walküren in die Schlacht und wird dabei für Odin zur Konkurrentin, die zur Hälfte die toten Krieger für den Einzug in Walhall auswählt. Auch wird sie als Sonnengöttin verehrt, lässt ihren Wagen von Katzen ziehen und trägt ein Falkenkleid, in dem sie durch die Lüfte fliegt. Im Buch ergibt sich indirekt ein fließender personaler Übergang von Freya zur Göttin Frigg. Beide erscheinen als Gattinnen des Odin. Die eine tritt mehr als strahlender erotischer Gegenpol zum Gemahl, die andere mehr als treu sorgende Mutter auf, die sehr um ihren durch eine Intrige von Loki getöteten Sohn Baldur trauert. Außerdem erwähnt das Buch noch Idun, die für alle Götter die Äpfel der ewigen Jugend hütet. Ohne diese Gaben altern die Asen wie gewöhnliche Menschen und verlieren ihre Kräfte, wenn die jugendliche Göttin verschwindet.

Am Ende der Ausführungen wird die Götterdämmerung oder der Weltuntergang (Ragnarök) dargestellt. Die Sphäre der Asen geht an ihren inneren Widersprüchen und Zwiespältigkeiten zugrunde, weil die Götter ihre eigenen Gesetze und Ideale brechen und verraten. Die Riesen und die Geschöpfe der Schattenwelt stehen gegen die Bewohner der oberen Dimension auf und liefern ihnen einen Todeskampf, in dem sich beide Seiten gegenseitig umbringen. Doch einige überleben in Höhlen und unter Felsen den Weltenbrand und hoffen, einen neuen Kosmos aufbauen zu können, der aus den alten Fehlern und Verfehlungen etwas gelernt hat. Christiane Lutz benutzt am Schluss diese Vision, um auf die großen Probleme unserer Zeit hinzuweisen und die Freiheit zu beschwören, die wir haben, damit wir Lösungen finden und uns für deren Verwirklichung einsetzen.

Das Buch ist, wie schon gesagt, keine exakte tiefenpsychologische Analyse der nordischen Mythologie, sondern eine Meditation, die faszinierend eine Art geistiges Kaleidoskop auf verschiedenen Ebenen umkreist. Die einzelnen Stufen ergänzen einander wechselseitig und erzielen als Ergebnis kein umfassendes Wissen, sondern eine tiefgründige Weisheit, die nordische Mythen als symbolische Beispiele nimmt, um mit den Problemen des Menschseins und der Moderne konstruktiver und vernünftiger umgehen zu können. Frau Lutz hat zur Darstellung ihren ganzen Wissens- und Erfahrungsschatz einfließen lassen, und wir alle wünschen ihr noch weiter viel Kraft und Zeit, um weitere solcher Weisheitsbücher in ähnlicher Art schreiben und gestalten zu können.

Friedrich Schröder

Christiane Neuen (Hrsg.)
Was die Seele nährt
Inspirationen
Patmos Verlag, 2022, 160 S., € 16,50
ISBN 978-3-8436-1418-4

„Wir brauchen Nahrung, um zu leben – nicht nur wir Menschen, sondern alle Lebewesen, und die Nahrung ist jeweils ganz verschieden: Katzen brauchen Fleisch, Vögel brauchen Körner, Bienen brauchen Pollen, Pflanzen brauchen Wasser und Licht. Manchmal ist die Nahrung sehr speziell, etwa bei Pandabären, die fast ausschließlich Bambus fressen." So Christiane Neuen in ihrem Vorwort.

Wussten Sie, wovon Pandabären sich ernähren?

Die Nahrung der Pandabären kannte ich nicht und habe neugierig weitergelesen und war mit der Frage des Buches beschäftigt, welche Nahrung braucht die Seele? „Die Seele nährt sich von dem, was sie freut", heißt es bei Augustinus. Was kann sonst noch Seelennahrung sein? Alles, was uns im Innersten berührt und uns lebendig macht, wie dieses Buch zeigt.

Die Herausgeberin, Christiane Neuen, hat zu der Frage „Was die Seele nährt" Artikel von 14 Autoren und Autorinnen zusammengestellt. Das Buch beginnt mit einem kleinen Aufsatz von **C. G. Jung**: „Bist Du auf Unendliches bezogen?" Das ist die wesentliche Frage, sozusagen die Essenz des Lebens, für C. G. Jung.

Verena Kast spricht über „Freude erlebbar werden lassen". Die Ausrichtung auf Freude mit der Unterstützung einer „Freudenbiographie" hat einen Einfluss auf unsere Stimmung, weil Freude die Seele nährt.

Eugen Drewermann spricht „Von Liebe und Unsterblichkeit". Er spricht vom Annehmen des Alterns und davon: „In der Liebe beginnen im träumenden Schein des Mondes die Sterne zu leuchten …"

Brigitte Romankiewicz nimmt das Thema Hoffnung auf in ihrem Artikel „Hoffnung wagen". Wesentlich ist ihr zu experimentieren, anstatt sich von Perfektionismus die Hoffnung nehmen zu lassen.

Ingrid Riedel spricht „Von Angst, Mut und Gelassenheit". Mut zur Angst ist ihre These, denn die Angst hat eine wichtige Warnfunktion. Sie geht über zur Gelassenheit und zitiert Meister Eckhart. „Das Wort ‚gelassen' hat kein Geringerer als Meister Eckhart in die deutsche Sprache eingeführt: Gelassenheit heißt, sich lassen können – das kleine Ich mit seiner Angst lassen zu können -, um sich Größerem zu überlassen." Das ist wahrlich eine Ressource und kann die Seele nähren.

Linda Briendl spricht über „Die Kunst, schöpferisch zu leben". Sie betrachtet das Prinzip des ewigen Zyklus von Werden, Sein und Vergehen, und wie wichtig es ist, dass wir es erkennen und verstehen. Sie zitiert C. G. Jung, der sagte, dass alles, was es auf der Welt gibt, mit dem schöpferischen Prinzip verbunden ist.

Brigitte Dorst nimmt die spirituelle Sehnsucht auf und differenziert unterschiedliche Formen von Meditation und ihren inneren Reichtum. „Meditation – der Weg nach innen." Mit ihrem Teil des Buches beginnen die spirituellen Aspekte des seelischen Genährt-Werdens.

Khalil Gibran spricht „Von Liebe, Schönheit und Selbsterkenntnis". Da sagte Almitra: Sprich uns von der Liebe. „Und er hob den Kopf und sah auf die Menschen und es kam eine Stille über sie. Und mit lauter Stimme sagte er: Wenn die Liebe dir winkt, folge ihr. Sind ihre Wege auch schwer und steil."

Hubert Halbfas ist mit einem Artikel präsent über „Der Sprung in den Brunnen". Es beginnt mit einem kurzen Dialog. „Schüler: Zeige mir, wie ich beten kann. – Lehrer: Kann ich es dir zeigen? Ich kann es nicht. – Schüler: Bist du denn nicht ein Lehrer der Religion? – Lehrer: Eben deswegen! Beten lernt niemand durch Wissen und Können, sondern durch Erfahrung und Leben."

Sylvia Wetzel zeigt einen Weg zum inneren Reichtum über die Meditation im Buddhismus, „Den inneren Reichtum entdecken".

Niklas Brantschen spricht über die Dankbarkeit. „Gottlos dankbar." Er erzählt eindrücklich von einer Begegnung mit dem Mönch Thich Nhat Hanh, bei der die Achtsamkeit im Vordergrund stand.

Ishpriya Kinsey geht einem Weg der Meditation mit Schülern nach: „Der Ort, an dem nichts ist."

Thomas Merton wendet sich der Frage zu, was ist „Innere Sammlung", und beschreibt diese als „Umkehr" oder „Hinwendung" unseres Wesens zu Geistigem und zu Gott.

Und zum Schluss beschäftigt sich **Hugo M. Enomiya-Lassalle** damit, wie „Erleuchtung" im Zen verstanden werden kann.

Wir begegnen in diesem Buch einem großen Reichtum unterschiedlicher Facetten, die Nahrung für die Seele sind: Liebe und Schönheit, Hoffnung und Dankbarkeit, Gelassenheit und Selbsterkenntnis, die Kunst schöpferisch zu leben, oder Meditation als Weg nach innen.

Es ist ein sehr schönes Buch, das sehr gut zusammengestellt ist. Es kann mit seinen eher kurzen Artikeln Inspiration am Abend sein und uns vor dem Einschlafen Freude schenken. Ich habe es gerne gelesen und empfehle es sehr gerne weiter. Eine wunderbare Nahrung für die Seele.

Margarete Leibig

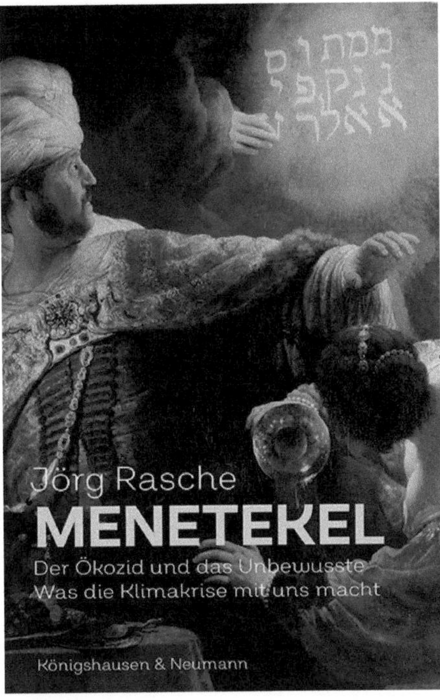

Jörg Rasche
Menetekel
Der Ökozid und das Unbewusste.
Was die Klimakrise mit uns macht
Königshausen und Neumann, 2022
ISBN 978-3-8260-7782-1, 172 S., € 18,90

Gezählt, gewogen und zu leicht befunden – es ist zu spät. Die Schrift an der Wand sagt, dass der König Belsazar sein Leben verspielt hat. Dasselbe mag für uns heute gelten, wenn wir die selbstverursachte Zerstörung unserer Lebensbedingungen, den Ökozid, ernsthaft betrachten.

In diesem Essay werden alte Geschichten und neue Imaginationen vorgestellt, die den Schrecken nicht verleugnen, aber weiterführen können in eine hoffnungsvolle Zukunft. Immerhin: Einem Propheten Jona gelang es, die dem Untergang geweihte Stadt Ninive zu retten.

So ist es letztlich ein Buch der Hoffnung. Jörg Rasche, Dr. med., Facharzt, Psychotherapeut und Jungianischer Psychoanalytiker, führt die Leser in eine Welt der Symbole und Mythologien, die zur Erhellung unserer apokalyptischen Zeit beitragen. Was wir daraus machen, liegt (noch?) an uns.
https://www.joerg-rasche.de

Verlagsankündigung

Brigitte Romankiewicz
Die bedrohte Seele
Auf der Suche nach Hoffnung und Sinn
in einer Welt am Abgrund
Stuttgart, opus magnum, 2023
ISBN 978-3956120503, 300 S., € 17,90

Hatten wir nicht von einem neuen Bewusstsein geträumt, das alle Menschen miteinander und ihrer natürlichen Mitwelt seelisch und geistig verbinden würde? Statt dessen erleben wir zunehmende Aggression, einen bestürzenden Seelen- und Sinnverlust, Selbstentfremdung, Verlust der Empathiefähigkeit und jeglichen Gespürs für das symbolische Leben,

Die Folgen: seelische Verwahrlosung, Zerstörung der Lebensgrundlagen und lange Zeit unvorstellbare Kriege. Doch die brutale Gewalttätigkeit findet dort nur ihren katastrophalen Höhepunkt. Im Grunde bestimmt sie, kaum verschleiert, unser Menschenbild und hat ihre Ursache in unserer Gesellschaftsstruktur. Dieses Buch entstand aus dem Leiden daran. Es ist gerichtet auf Hoffnungsperspektiven, auf ein anderes Menschen- und Weltbild, auf eine „Gegenwelt" anderer Orientierung.

Verlagsankündigung

Internationale Gesellschaft für Tiefenpsychologie e. V.
Herbsttagung in Lindau mit Option für Online-Teilnahme
Sonntag 29.10. bis Donnerstag 02.11.2023

Miteinander – Gegeneinander – Durcheinander
Gleichgewicht als Lebenskunst

Das Programm kann ab Frühsommer 2023 über die Webseite der igt
heruntergeladen oder bei der Geschäftsstelle angefordert werden.
Fortbildungspunkte werden beantragt.

Kontakt: Internationale Gesellschaft für Tiefenpsychologie e.V.
Postfach 701080 - 81310 München
Telefon: +49-89-12417451 • E-Mail: info@igt-lindau.de
• www.igt-lindau.de

Impressum

Jung-Journal – Forum für Analytische Psychologie
und Lebenskultur, Jahrgang 26, Heft 49, April 2023
ISSN: 1867-4690
ISBN: 978-3-956120-49-7
Halbjährliches Erscheinen April und Oktober.
Ein Jahresabonnement mit 2 Heften kostet
z. Zt. € 14,- incl. Versandkosten.
Ein Jahresabonnement mit 2 Heften als PDF-Datei
z. Zt. € 10,- Bestellungen über:
Internet: www.jung-journal.de
E-Mail: mail@jung-journal.de

Postadresse: opus magnum -
Lanzstr. 12, 65193 Wiesbaden
Bankverbindung: opus magnum
IBAN: DE60 6001 0070 0570 3447 02
BIC: PBNKDEFF

Redaktion

Prof. Dr. Lutz Müller, Anette Müller (Hrsg.)
Franziska Lang, Margarete Leibig, Bernd Leibig,
Dieter Volk
Layout
Barbara Fischer, Lutz Müller
Lektorat
Franziska Lang, Anette Müller
Druck
Kohlhammer Stuttgart
Verlag
opus-magnum - www.opus-magnum.de
Webmaster: Walter Fleritsch
Bildnachweise: Wenn nicht anders angegeben,
stammen alle Abbildungen aus lizenzfreien Quellen
des Internet oder aus Privatbesitz.
Titelbild: kozorog Child plays with water Adobe-
Stock 114443086
Die Inhalte der Artikel geben nicht unbedingt die
Meinung der Redaktion wieder.